実戦添削例から学ぶ **必ず受かる**

小論文・作文の書き方［新版］

「論文オンライン」代表
石井秀明［著］
Hideaki Ishii

新星出版社

新版：はじめに

※本書は、2002年に発行された旧版に、大幅に加筆・変更を加えた新版です。

●小論文入試はコミュニケーション能力試験だ！

「小論文入試」というのは、じつは高度な「コミュニケーション能力試験」なのです。

なぜなら実際の小論文入試では、以下のように受験生のさまざまなコミュニケーション能力が試されるからです。

①試験官・出題者とのコミュニケーション能力

・読者（試験官）が評価したい点をきちんと想定して論文が書けるか

・設問の要求をきちんと読みとり、それに対して過不足なく答えることができるか

・自分の考えを他人がわかるような形で正確に表現できるか

②資料文や図表とのコミュニケーション能力

・資料文や図表が主張していることをきちんと理解できるか

③社会とのコミュニケーション能力

・テーマに関する社会的文脈（みんなが知っている事実・意見）を把握しているか

・最近の時事問題を知っているか

④自分とのコミュニケーション能力

・自分との対話を通じて自分の考えをまとめることができるか

・自分の文章を客観的に読み、推敲できるか

●いままでの小論文の書き方の問題点

ところがいままでの小論文・作文の書き方の指導には、この〝コミュニケーション〟という視点が欠けていました。

いままでの小論文・作文の書き方の主流は、いわゆる「型書き」というものでした。古くは「起承転結」や「序破急」、最近は「序論・本論・結論」や「○○式」といった「型」が提示され、その「型」に沿って答案を書いていくものです。

たしかにこの「型書き」は非常に便利です（じっさいこの本でも本当に使える「型」を提唱しています）。しかし、残念ながら本番の小論文入試では、この「型書き」だけでは対応できないことが非常に多いのです。

なぜなら、本書で説明するように、実際の小論文の問題は、非常に多くの形式や内容を持っているからです。そして数多くの形式や内容に、たった一つの「型」だけで対処しようとするには限界があります。つまり、一つの「型」だけでは複雑な「コミュニケーション能力試験」には対応できないのです。

●これが〝小論文・作文の書き方〟の決定版！

そこで登場するのが、この本です。

この本は、「コミュニケーション能力試験」としての小論文試験」を強く意識した、おそらくはじめての本です。

私はこの本で、「コミュニケーション能力試験」としての小論文試験」を突破するための具体的な方法を述べようと思います。

まず、序章と第1章で「小論文」を書くときに知っておくべきことを学びます。

そして第2章では、「4ステップ小論文作成

法」と名付けられた実戦的な答案の作成方法を学びます。

この方法をマスターすることで、あなたは「コミュニケーション能力試験としての小論文試験」を突破する実力を身につけることができるでしょう。つまり、どんな問題が出題されても、かならず合格レベルの答案が書けるようになるのです。

●この本の特徴と使い方

この本は、小論文を書こうとするすべての人を対象にしています。

入試用であれ、就職試験用であれ、小論文・作文の本質に変わりはありません。ですから本書では、必要がない限り、入試用と就職用とに分けて説明するようなことはしませんでした。

また、この本には全編を通して小論文の実例が掲載されています。

これは実例を数多く読むことで、小論文の書き方の実際を「体感」してもらうためです。

特に第3章では、添削前の答案と、添削後の答案を数多く載せています。これらを読むことで、あなたは、どんなことに気をつけて論文を書いたらよいかがわかるようになるでしょう。

そしてこの本は、私が代表を務める小論文通信添削講座「論文オンライン」のテキストでもあります。1997年の開講から数多くの受講生を、合格に導いてきたサイトです。

本書を読みながら、あるいは読み終わったら、ぜひ一度アクセスしてみてください。

小論文通信添削講座「論文オンライン」
Webサイト：http://www.ronbunonline.com

最後にもう一度繰り返しますが、この本は「コミュニケーション能力試験としての小論文試験」をいかに突破するかという視点で書かれています。

ですからこの本も一方通行にならないように、読者であるあなたとコミュニケーションを取りながら解説を進めていきたいと思います。解説の途中にある演習は必ず行い、質問には自分なりの答えを出してから先を読み進めるようにしてください。そうすることで、この本の主張する内容をより深く理解していただけることでしょう。

では、さっそく最初の質問です。

質問1：「作文」と「論文」はどう違うでしょうか？　自分なりに定義してみてください。

それではここから先は、この質問に対する自分なりの答えを考えてからお読みください。

おっと、その前に、そろそろ立ち読みをやめて、この本をレジに持っていくことをお忘れなく……。

小論文通信添削講座「論文オンライン」代表
石井秀明

目次

第3章 ジャンル別・テーマ別実例&添削集 155

協力：論文オンライン
本文デザイン・DTP・図表作成：株式会社新藤慶昌堂
本文イラスト：Shutterstock

序　章

小論文とは？

作文と論文の違いとはいったいなんだろう？

「作文」も「論文」も自己表現の一種。「自分自身」を直接的に書くのか、間接的に書くのかが一番の違い

作文と論文はどのように違うのか？　この問題は、いままでいろいろな本で、いろいろに論じられてきました。

しかし、大事なことを忘れてはいけません。それは、**作文も論文も自己表現の一種である**ということです。

「自己表現」などといわれると、何やら頭の中が「？…？…？…」となってしまいそうですが、つまりは作文も論文も自分の経験や考えを他人に伝えるために書くのだということです。その意味で作文も論文も「自分」のことを書くものだということができます。

●ズバリ　作文と小論文の違いはココ！

でも、あなたもすでに感じているかもしれませんが「作文」と「論文」には明らかな違いがあります。その違いはどこからくるのでしょうか。それは、同じ「自分」に関する表現でも、その表現方法が違うことからくるのです。

本書では一応、「作文」と「論文」を、以下のように定義しています。

▼作文…「自分」のことを直接書く文章
▼論文…「自分」のことを直接書かない文章

以下、くわしく説明します。

●作文…「自分」のことを直接書く文章

作文とは、簡単にいってしまえば、自分の経験を中心に、感じたことや考えたことを書く文章のことです。

もう少しきちんと定義すると以下のようになります。

作文のくわしい定義

「自分自身の《経験》に基づき、その《経験》に対する《分析》や《感想》を述べる文章」

ある経験を通して考えたこと、感じたことを述べることによって、自分を知ってもらうための文章。つまり、どのような形にせよ、「作文」はあなたという人がどんな人なのかを語る文章なのです。

それでは以下に、試験という観点から見た「作文」の特徴を挙げましょう。

- ▼自分の経験を中心に構成される
- ▼人柄や感性を評価するのに適している
- ▼論理的整合性より話の内容の方が重視される
- ▼ある程度の文学的表現も許される
- ▼ある程度の主観的判断も許される

●論文…「自分」のことを直接書かない文章

論文とは、簡単にいってしまえば、ある意見に対して、自分の判断を下し、その判断がなぜ正しいのかを根拠を挙げて述べる文章です。もう少しきちんと論文を定義すると以下のようになります。

論文のくわしい定義

「与えられている事実・意見の《引用》に基づき、その事実・意見に対する自分の《判断》の正当性を《根拠》を挙げて主張する文章」

「論文」は客観的である必要があります。そのためには「自分」が前面に出る主観的な文章（～が好き、～が嫌い、～を信じる、など）は書くべきではないのです。

また論文は一定の手続きに従って書く必要があります（それが《引用》《判断》《根拠》《提案》です。くわしくは98ページ）。この手続き自体には個性は反映されません。しかし、どのような内容の《引用》《判断》《根拠》を行うかには、その人の個性が反映されます。つまり、同じ手続きにどのような内容を盛り込むかによって、間接的に「自分」を表現するのが「論文」なのです。

それでは以下に、試験という観点から見た「論文」の特徴を挙げましょう。

▼社会的事象を中心に構成される
▼論理的思考力や知識量などを評価するのに適している
▼話の内容より論理的思考力・表現力を重視する
▼文学的表現は嫌われる
▼客観的判断が最優先。根拠を持たない主観的判断は許されない

さあ、これで「作文」と「論文」の違いがわかりましたね。では次の質問です。

質問2 それでは「小論文」とはなんでしょう？
自分なりに定義してみてください。

作文＝自分自身の経験に基づき
感想を述べた文章

論文＝根拠を挙げ、自分の意見の
正当性を主張する文章

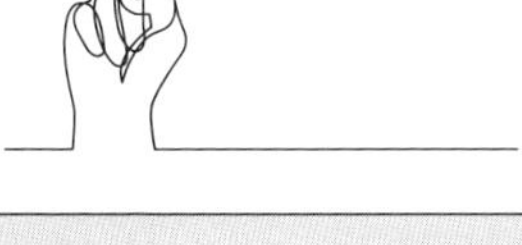

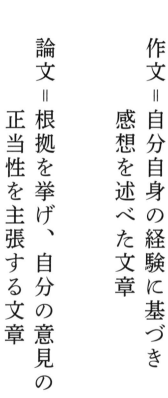

「小論文」において一番大切なことはこれ！

自分を受からせてくれ！　というメッセージを持たない小論文は小論文じゃない。最大限に自分をアピールせよ

●そもそも「小論文」とはいったい何か？

字のとおり解釈すれば、「小論文」とは、「小さな論文」のことです。しかし、入学試験や就職試験では、つねに「小さな論文」を書けばいいというわけではありません。**「小論文」とはあくまでも試験科目の名前です。**

確かに「小論文」の試験で、文字どおり「小さな論文」を書かされることもあります。しかし、実際は「小論文」の名の下に「作文」を書かされたり、「要約」を作らされたり、（大学入試の場合は）果ては「国語」や「英語」の問題を解かされたりすることも多いのです。

また、試験科目としての「作文」についても同じことがいえます。特に就職試験の場合、「作文」の名の下に「論文」を書かされたり、時には「ショートショート」を書かされたりもするのです。

結局、「小論文」あるいは「作文」という試験科目の名の下に、どんな文章を書いたらよいのかは、過去問を分析し、実際の設問に接してみなければわかりません。

ですから、試験科目の名前としての「小論文」「作文」という言葉には、こだわらないようにし

ましょう。

とりあえずこの本のなかでは、試験のために書く作文、論文を一括して「小論文」として扱うことにします。また、本来の意味での作文を書くべき試験問題は「作文タイプ小論文」、本来の意味での論文を書くべき試験問題は「論文タイプ小論文」と呼ぶことにします。

●ズバリ！　小論文で一番伝えるべきこととは

さて、「小論文」の定義はこのくらいにして、それよりもっと大事なことをお話ししましょう。

それは「小論文」はなんのために書くのか？　いい換えれば受験生は「小論文」で何を試験官に伝えればよいのか？　ということです。

あなたはなぜ、「小論文」を書くのでしょう？　当然、試験に合格するためですね。では、合格するためには「小論文」で相手に何を伝えればよいのでしょう？　答えはいたってシンプルです。

「私は志望する会社・学校にとって有益な人材であり、採用される・合格するべき人物である」、この一点を試験官に伝えられればよいのです。また逆にいえば、このメッセージを持たない「小論文」は書くだけ無駄というものです。

入学試験も、就職試験も、志望先へのプレゼンテーション（自分の売り込み）であることに変わりはありません。「自分はこの会社にとって、こんなに利益をもたらす存在ですよ」「私はこの学校で勉強するのにふさわしい優秀な学生ですよ」など……。「小論文」の答案であなたが伝えるべきメッセージはこれだけなのです。

では、試験官に「有益な人材」と思わせ、「採用」したい、「合格」させたいと思わせる「小論文」の答案とはどのような答案なのでしょうか。いい換えれば、高い評価が得られる〝良い〟「小論文」の答案とはどのような答案なのでしょうか。

＊

それではここで、あなたに質問です。

質問3　試験官に高く評価される〝良い〟「小論文」の答案とはどのような答案でしょうか？

高く評価される「小論文」の〝良い〟答案とは？

いつでも、どこでも、誰にでも通用する〝良い〟答案なんてない。試験官の要求にきちんと応えた答案が〝良い〟答案！

いろいろな本が〝良い〟「小論文」の答案を定義しています。いくつか拾ってみましょう。

▼あなたという人柄がよく伝わる答案

▼自分の意見を論理的に筋道を立てて明確に表現した答案

▼読みやすくて人を引きつける答案
▼なるべく常識から離れた突飛な内容の答案

たしかにこれらの〝良い〟「小論文」の答案の定義は、ある特定の状況下では有効です。

しかし、これらの定義にかなった〝良い〟答案が、いつでも〝良い〟答案であるわけではありません。なぜなら試験問題によって、あるいは試験官のタイプによって、〝良い〟答案は大きく違うからです。

例えば、試験官が、受験生の論理的思考力を見るために「論文」を書くことを要求している時に、いくら「作文」的に感動できる〝いい話〟を書いても〝良い〟答案にはなりません。

●試験官のニーズに応えろ！

また、反対に、受験生の人柄を見るために「作文」を要求しているのに、〝理路整然とした〟「論文」を書いても〝良い〟答案にはなりません。

じつは、あなたが目指すべき〝良い〟答案はただ一つです。それは、**試験官が読んで面白いと感じ、この人をぜひ採用したい、合格させたい、と思わせる答案**です。

そして、そのような〝良い〟答案を書くために、あなたがまず考えなければならないことはいったいなんでしょう。それは、あなたの答案をどんな人が読むのかを意識するということです。つまり、〝良い〟答案を書くための第一歩として、あなたは試験官がどんな人かを知っておく必要があるのです。

＊

さて、序章はここまでです。第1章に入る前に、あなたにもう一つ質問させてください。

質問4　あなたの「小論文」の答案を読む人は、どんな人ですか？　わかる範囲でなるべくくわしく述べてください。

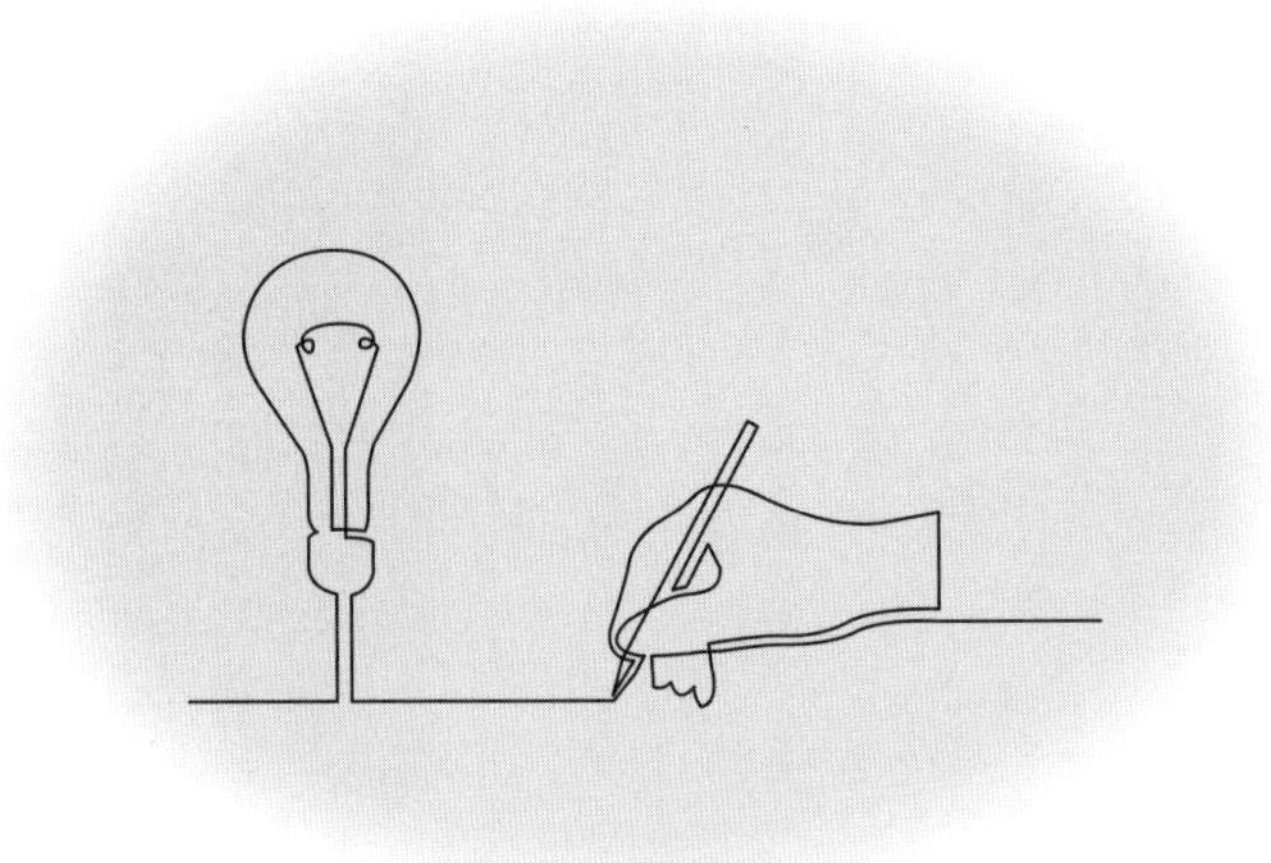

第1章

小論文を書く前に知っておくべきこと

～基礎知識編～

あなたの答案はいったい誰が読むのか

まず誰があなたの論文を読むのかを把握しよう

『小論文』制覇の第一歩として、まず試験官を知ろう！　大原則は「おじさん」たちに嫌われないこと

あなたの答案を読むのは当然のことながら試験官です。大学入試ならば大学教授、就職試験ならば人事部の採用担当者といったところが典型的な試験官でしょう。

では、あなたはその試験官のことをどれくらい知っていますか？　今回、私たちの行ったアンケート調査により、以下のような「試験官」像が浮かび上がってきました。じつは、あなたの答案を読む人たちは、こんな人たちなのです。

●あなたの答案を読む試験官　大学入試編

▼原則的には大学教授（ただし、実際は講師から教授まで幅がある）
▼圧倒的に男性が多い
▼年齢は三十代から五十代までけっこう広い
▼当然のことながら研究者（教育者ではない！）
▼自分の学問にプライドを持っている（自分の研究している学問が世の中で一番重要だと思っている？）

▼原則的には高校生の生活には興味がない。部活、生徒会、アルバイト、受験勉強の話などは聞きたくない
▼研究者として有望な学生を望んでいるがここ二十年ほど出会えず、いまやもうあきらめている

●あなたの答案を読む試験官　就職試験編

▼圧倒的に男性が多い（今後は女性が増えると思われる）
▼年齢的には四十代から五十代
▼役職は部長クラス。最終選考は社長が行うことも
▼にこやかに話をするが、けっこうシビアに人を観察している（なかには高圧的な態度で受験生に接し、受験生の「化けの皮」を剥《は》ごうとする人もいる）
▼基本的に人当たりはよいが、仕事には厳しい人が多い
▼いつまでも学生気分が抜けない若者が大嫌い
▼基本的に精力的で、前向きな人が多い
▼当然のことながら「会社に利益をもたらす人材」を望んでいる

どうですか？　少しはあなたの答案を読む試験官が想像できたでしょうか？

さて、このような試験官に対して、あなたはどのような小論文を書くべきでしょうか？

もちろんまだ、このような漠然とした試験官像では、どんな小論文を書いたらよいか、はっきりとはわからないでしょう。しかし、このような漠然とした試験官像からでも、あなたが「小論文」を書くとき気をつけるべき「大原則」が見えてくるものです。その「大原則」とは、**「『おじさんたち』に認められないような意見は書かない、嫌われるような書き方はしない」**ということです。

今後は変わってゆくことが考えられますが、基本的にはおじさんたちが好むもの、嫌うものを考

えましょう。

例えば、「何も生産しない老人は社会にとってムダな存在である」といった過激な意見は、ほとんどの試験官に受け入れないでしょう。なぜなら「老い」の問題は、彼らにとって非常に切実な問題だからです。同じように「大人がすべて悪い」的な答案や、話し言葉や流行《はや》り言葉が使われた答案もいけません。

また入学試験で「志望する学部の学問には全然興味がないが、とりあえず受かりそうなところにした」と書いたり、就職試験で「とりあえずどこでもいいから就職したい」と書いたりしては、もしそれが本心だとしても、ダメでしょう。**バカ正直は正直なのではなく、バカなのです。**

しかし、先の大原則のポイントは、「おじさんたちにウケる内容を書け」といっているわけではないのでまちがえないようにしてください。

無理にウケようとすると、そこには「媚《こ》び」が生まれてきます。「媚《こ》び」には当然、「嘘」が入り込んできます。なぜなら相手に合わせて、本心でもないことを無理にいおうとするからです。無理のある「嘘」は必ず破綻《はたん》します。**「媚びる必要はない。しかし、わざわざ嫌われる必要もない」**この言葉を肝に銘じておきましょう。

＊

ではここで次の質問です。

質問5　では、あなたの答案はどんな観点で評価されるのでしょう。想像してなるべく多く書き出しなさい。

まず誰があなたの論文を読むのかを把握しよう

試験官はあなたに何を求めているのか①

試験官はあなたの答案の何を評価するのか ～性格・感性vs能力・理性～

試験官の評価ポイントは大きく分けて二つ。人間性重視か？　能力重視か？見誤ると大変なことになる！

試験官があなたの答案から評価したいことは、大きく分けると「性格・感性」のグループと「能力・理性」のグループの二つに分けられます。

この二つのグループは、「技術や知識は入ってから教育するから人間的に優れた人材が欲しい」グループと、「入ってから技術的・能力的に問題なくやっていける人材、できれば即戦力として使える人材が欲しい」グループといい換えることができます。

つまり、「知識や能力はあとから訓練でなんとでもなる」と考えるグループは、その人の性格や、感性を重視して小論文を評価し、「能力を備えていて、仕事や勉強についてこられなければ意味がない」と考えるグループはその人がどの程度能力を持ち、理性的に行動できるかを重視して、小論文を評価するのです。

では、この二つの評価ポイントを押さえ、次に「試験官から高く評価される性格」と「試験官から高く評価される能力」について説明しましょう。

試験官はあなたの答案の何を評価するのか

●試験官から高く評価される性格（入試・就職共通）

まず、小論文入試で高く評価される性格はひと言でいうと**「積極的」で「謙虚」な性格**です。そして、それぞれの性格を特徴づける細かい性格をまとめると、28ページの表のようになります。

つまり、何ごとにも前向きであり、かつ、節度のある行動ができる人物が好ましいのです。

●試験官から高く評価される能力

次に小論文入試で高く評価される能力は、ひと言でいうと**「独創的」で「論理的」**な能力です。

そして、能力の場合は、まずどんな場合も評価される「基本となる能力」の上に、「感性中心で評価される能力」と、「理性中心で評価される能力」があるのです。それぞれを表にまとめると、29ページの表のようになります。

ところで、もう気がついた人もいらっしゃるかと思いますが、評価される性格・能力には相反する項目が含まれています。

例えば、「思い切りよく判断する」と「思慮深く物事を考える」は同じ一人の性格としては矛盾していますし、「ユニークな企画が立てられる」能力をもつ人が同時に「人が反論できないくらい論理的に緻密な文章を書くことできる」という能力をもつのはかなり難しいでしょう。

では、受験生はどうしたらよいのでしょう？

ヒントは、次の質問に対する答えの中にあります。

質問6　もし好きな人ができたとき、あなたはどちらの行動をとりますか？

Ａ：自分から告白して、相手がウンというまであらゆる手を使ってアタックする。

Ｂ：自分からは告白せず、相手が自分を好きになってくれるよういろいろ工夫して待つ。

評価される性格＝「積極的」で「謙虚」

積極的な性格
反応が早く、身軽に行動できる
臨機応変にものごとに対応できる
思い切りよく判断する
ユニークで型にはまらない
高い目標意識を持っている
自分を主張できる
楽天的にものを考える
すべてにおいて活動的である

謙虚な性格
慎重に考え、堅実に行動できる
忍耐強く落ち着いて行動できる
思慮深く物事を考える
協調性がある
目標に向けて着実に行動する
周囲への気配りができる
現実的にものを考える
ものごとに動じない

評価される能力＝「独創的」かつ「論理的」

基本となる能力
日本語の基本的な読み書き能力を備えている
幅広い分野の知識をバランスよく持っている
志望する領域について十分な知識を持っている
設問の要求するとおりに論旨を組み立てられる
自分の知識を上手に活用して論旨を組み立てられる
自分のいいたいことが伝わる文章が書ける

感性中心の能力	理性中心の能力
独創的な意見が生み出せる	論理的な意見を構築できる
ユニークな企画が立てられる	企画を現実化できる
今までのやり方にとらわれず新しいやり方を見つけることができる	今までのやり方を完全にマスターしそれを正確にくり返すことができる
幅広い分野の知識をバランスよく持っている	専門分野について深い知識を持っている
物事を大局的に捉え、今後の方針を立てることができる	正確に数字やデータを処理できる
写真や絵から豊かにイメージをふくらませることができる	図表やグラフを正確に読みとれる
他人の話を共感的に聞く（or読む）ことができる	他人の話を分析的に聞く（or読む）ことができる
人を楽しませる文章を書くことができる	人が反論できない文章を書くことができる

あなたはハンター派？　ファーマー派？
～革新的人生観VS保守的人生観～

求められているのはハンター的人物か？　ファーマー的人物か？　要求にあわせてアピールの方法を変えよう！

さて、前の質問がどうして小論文に関係があるんだ、と思われた方もいるかと思います。ところがじつは大いに関係があるのです。なぜなら前の質問でAと答えた人は、多分に「ハンター」的資質を持っている可能性があり、Bと答えた人は「ファーマー」的資質を持っている可能性が高いからです。

それでは「ハンター」と「ファーマー」とは何かということについて説明しましょう。

●狩猟民族から農耕民族へ。さらに……

太古の昔、人々は狩猟と採集で生活を成り立たせていました。「獲物を見つけるために転々と土地を移動」する、人はみな「ハンター」だったのです。

このハンター社会では、「環境は日々変わる」ものでした。「移動が日常」で、人々は「状況に臨機応変に対応する」ことを求められました。「新しい獲物を見つける」ために「情報収集力・

分析力」に長けた「個人」がリーダーとなり、身軽に移動するために「小さな集団で行動」していました。なぜなら、グループの存亡に関わる事態が発生したときは、「いまあるものに見切りをつけ、新しい土地を求めて移動する」必要があったからです。

それがいまのような大きくて複雑な社会になったのは、人々が農耕を覚えたからだといわれています。ハンターたちに代わって、「一カ所にとどまり作物を栽培」する「ファーマー」たちが誕生したのです。

このファーマー社会では「環境はそんなに変わらないもの」でした。「定住が日常」で、人々は「同じ作業を正確に繰り返す」ことを求められました。「助け合って多くの収穫を得る」ために、人々には「協調性」や「秩序を重んじる」ことが要求され、「代表者たち」による合議で社会の進むべき方向が決定されました。グループに危機が訪れたときも、「その場所を動かず、いまあるものを改良してなんとかしよう」とし、収穫物の配分のために法律や政治が整備され、人間の社会は巨大化、複雑化していったのです。

では、ファーマー社会になって、ハンターたちは必要なくなってしまったのでしょうか？　いいえそんなことはありませんでした。同じことの繰り返しを基本とするファーマー社会は、放っておくと社会が硬直化する傾向がありました。それを防いだのがハンターたちでした。ハンターたちは新しい土地にどんどん出ていき、ファーマー社会に新しい文化を運び込みました。また、ファーマー社会の内部に新しい職業や産業を見つけ、それを開発していったのです。そしてそれらをファーマーたちが組織化し、さらに巨大な産業に作り上げていったのです。

このように考えると、現在の社会はハンター的行動をする「ハンター派」と、ファーマー的行動

ハンター派（革新的人生観派）の特徴

- 個性重視
- 挑戦する態度を好む
- 個人優先
- 過去にこだわらない、先例をきらう
- 理論より感性を重視
- 新しい秩序の創造を重んじる
- 臨機応変な行動を好む

ファーマー派（保守的人生観派）の特徴

- 協調性重視
- 慎重な態度を好む
- 組織優先
- 過去にこだわる、先例を求める
- 論理的整合性を重視
- 現在の秩序の維持を重んじる
- 秩序だった行動を好む

をする「ファーマー派」の合作であるといえるでしょう。ハンター派が見つけた新しい領域をファーマー派が組織化し、産業化する、そこから得た富をもとにまたハンター派が新しい領域を発見する……。お互いが影響を与えあい、活気のある社会を作っているのです。

この「ハンター派」と「ファーマー派」は、言い換えると「革新的人生観派」と「保守的人生観派」ということができます。つまり、変化を前提に生きる「革新的人生観派」と、不変を前提に生きる「保守的人生観派」です。そして「変化」に対するこの基本的な態度の違いを元に、いままでの日本の社会構造を加味すると、それぞれの派の特徴は右のページのようになります。

どうでしょう？　改めてあなたはハンター派ですか？　それともファーマー派ですか？

そして、「小論文」では、自分の志望する学部や会社では、どちらの人生観を持つ人が主流派であるかをある程度知る必要があるのです。

●人の評価はさまざまである

例えば、受験生が「私を語る」というテーマで「私は常にみんながやることと反対のことをしてきた」と書いたとしたらどうなるでしょう。おそらく挑戦的な態度を好むハンター派には高く評価されるでしょうが、協調性を重んじる「ファーマー派」からはそれほど高い評価は得られないでしょう。このように同じ内容でも相手が違えばその評価は変わってしまうのです。

それでは、次のページに二つの表を載せておきます。自分が「ハンター派」、「ファーマー派」のどちらに当てはまるかチェックしてみましょう。判断に迷う場合は保留にして先のページに進んでください。

あなたの性格はどう見える？

ハンター派（革新的人生観派）から見ると	ファーマー派（保守的人生観派）から見ると
消極的で臆病	慎重に考え、堅実に行動できる
反応が早く、身軽に行動できる	腰が軽く落ち着きがない
反応が鈍い、行動が遅い	忍耐強く落ち着いて行動できる
臨機応変にものごとに対応できる	軽率で場当たり的
いつまでもウジウジと考える	思慮深く物事を考える
思い切りよく判断する	思慮が浅い、軽薄
付和雷同、自分がない	協調性がある
ユニークで型にはまらない	変わり者、人の和を乱す
覇気がない、向上心がない	目標に向けて着実に行動する
高い目標意識を持っている	夢想家、ほら吹き
人の顔色ばかり気にする	周囲への気配りができる
自分を主張できる	わがまま、自己中心的
夢がない、小心者	現実的にものを考える
楽天的にものを考える	無責任、無計画
鈍感、デリカシーがない	ものごとに動じない
すべてにおいて活動的である	落ち着いてものごとに取り組めない

あなたの能力はどう見える？

ハンター派（革新的人生観派）から見ると	ファーマー派（保守的人生観派）から見ると
独創的な意見が生み出せる	非現実的な意見しか出せない
おもしろみのない意見しか出せない	論理的な意見を構築できる
ユニークな企画が立てられる	訳がわからない企画ばかり立てる
細かいことにばかりとらわれている	抽象的な企画を具体化できる
物事を大局的に捉え、今後の方針を立てることができる	漠然としすぎていて雲をつかむような話しかできない
問題を解くだけならばコンピュータだってできる	正確に数字やデータを処理して、問題を解決できる
写真や絵から豊かにイメージをふくらませることができる	空想しかできない、現実的な判断ができない
字の裏にある事実を想像できなければだめだ	図表やグラフを正確に読みとれる
他人の話を共感的に聞く（or読む）ことができる	感情に流されて物事を正確に捉えることができない
他人との暖かい心の交流を生み出すことができない	他人の話を分析的に聞く（or読む）ことができる
人を楽しませる文章を書くことができる	おもしろおかしいだけの文章で内容がない
理屈ばかりで退屈な文章を書く	人が反論できないくらい論理的に緻密な文章を書くことができる
↑感性中心の能力（将来性を期待される）	↑理性中心の能力（即戦力として期待される）

※左右どちらの表も色がついているほうが高評価です。→

試験官はあなたに何を求めているのか ③

自分の性格・能力をどうアピールするか？

自分の性格・能力に自信がなくても大丈夫！　考え方を変えて自分をポジティブにアピールしよう

どうでしょう？　前のページの表を見て、自分の性格や能力が、ファーマー派、ハンター派双方の人たちからどのように見えるか把握できたでしょうか。

そして、志望する学校や会社から自分を高く評価してもらうためには、自分の性格をどのようにとらえ、どうアピールすべきかおわかりになったでしょうか？

●大事なことはどちらかの見極め

ところで、自分の中にはファーマー派とハンター派が両方いて、どちらか一方に決められない、と感じた人もいたのではないでしょうか。

安心してください。それがふつうです。自分の中にはいままでの自分を維持しようとする気持ちと、いままでの自分を変えようとする気持ちがバランスを取りながら存在しているのです。

それは、会社も大学も同じです。全員がどちらかの派に属しているような組織はありません。ま

試験官はあなたに何を求めているのか ③
自分の性格・能力をどうアピールするか？

た、そんな組織があったとしても、あっという間に滅んでしまいます。

ポイントは、**過去問や先輩からの情報、当日の小論文の課題の内容などから、ファーマー派、ハンター派、どちらの派に受け入れられることを書いたらよいのかを判断すること**です。

また、自分の性格は志望先の主流派に合わないと落ち込んだ人はいるでしょうか？ あるいは、自分は高く評価されるような性格じゃない、と感じて落ち込んだ人はいませんか？

しかし、ものは考えようです。自分の短所と考えられる性格は、逆に長所が「行き過ぎている」性格なのだと考えればいいのです。

例えば、「ささいなことをくよくよ考える」という短所は「周囲への気配りができすぎてしまう」と表現してみましょう。「軽率でそそっかしい」性格は、「あまりにも身軽で行動的になりすぎることがある」と表現するのです。

とにかく、自分の性格をポジティブにとらえ、それをアピールすること。それがポイントです。**「私は志望する会社・学校にとって有益な人材であり、採用される・合格するべき人物である」**。

小論文で伝えるべき、一番大事なことを忘れずに、自分を積極的にアピールしましょう。

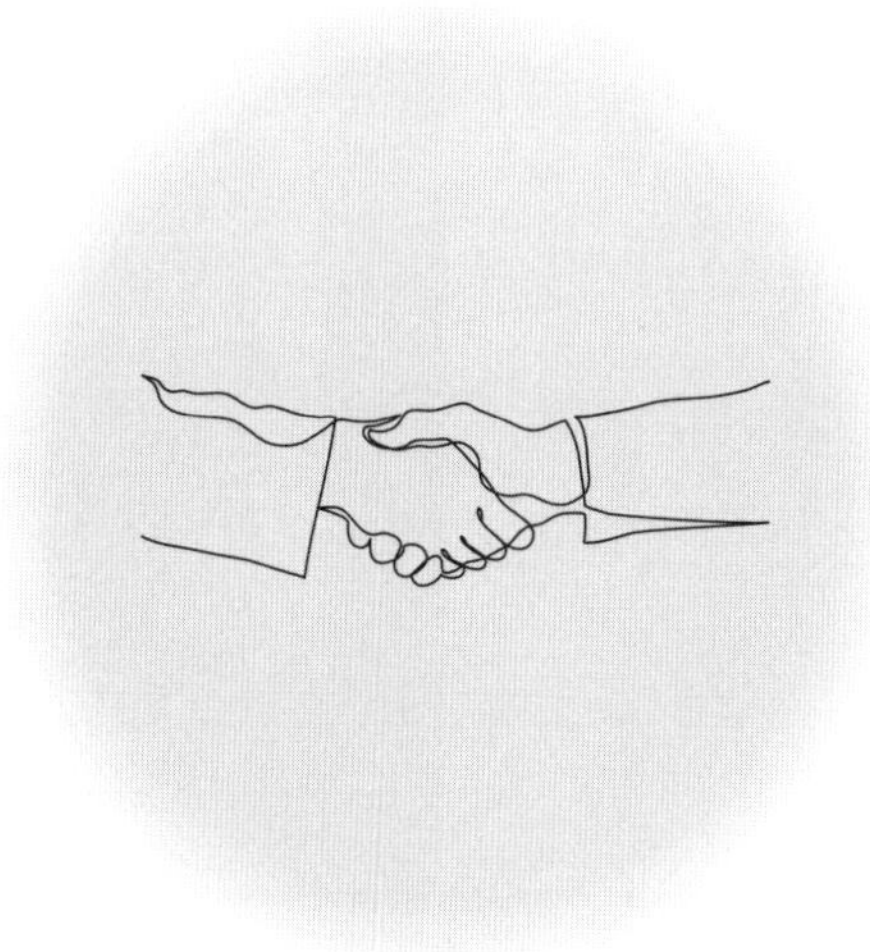

試験官はあなたに何を求めているのか④

学部別・業種別 評価ポイントマトリックス

評価ポイントを知るためには、とにかく事前に情報収集を！ さらにこのマトリックスで対策はバッチリ！

ここまでの解説で、「小論文」がどのような観点から評価されるかがおわかりになったでしょう。

しかし、実際の話、自分の志望する大学や会社が、どのような観点で自分の答案を評価するつもりなのか、またファーマー派とハンター派、どちらが主流なのかがわからなければ、意味がありません。

そんなときは次のページの「学部別・業種別評価ポイントマトリックス」を参考にしましょう。

このマトリックス（見取り図）は、縦軸に重視される評価の観点（人柄・感性vs能力・理性）、横軸に人生観の傾向（保守的人生観（ファーマー派）vs革新的人生観（ハンター派））を設定してあります。

ただし、これのマトリックスはあくまでも一般論です。どのポイントが評価されるかは本番の設問を見るまでわかりません。ですから、なるべく過去問などを調べて、いままでの傾向をとらえましょう。そしてできるだけの準備をしたら、あとは本番の設問を見て、一から考えましょう。

学部別・業種別　評価ポイントマトリックス

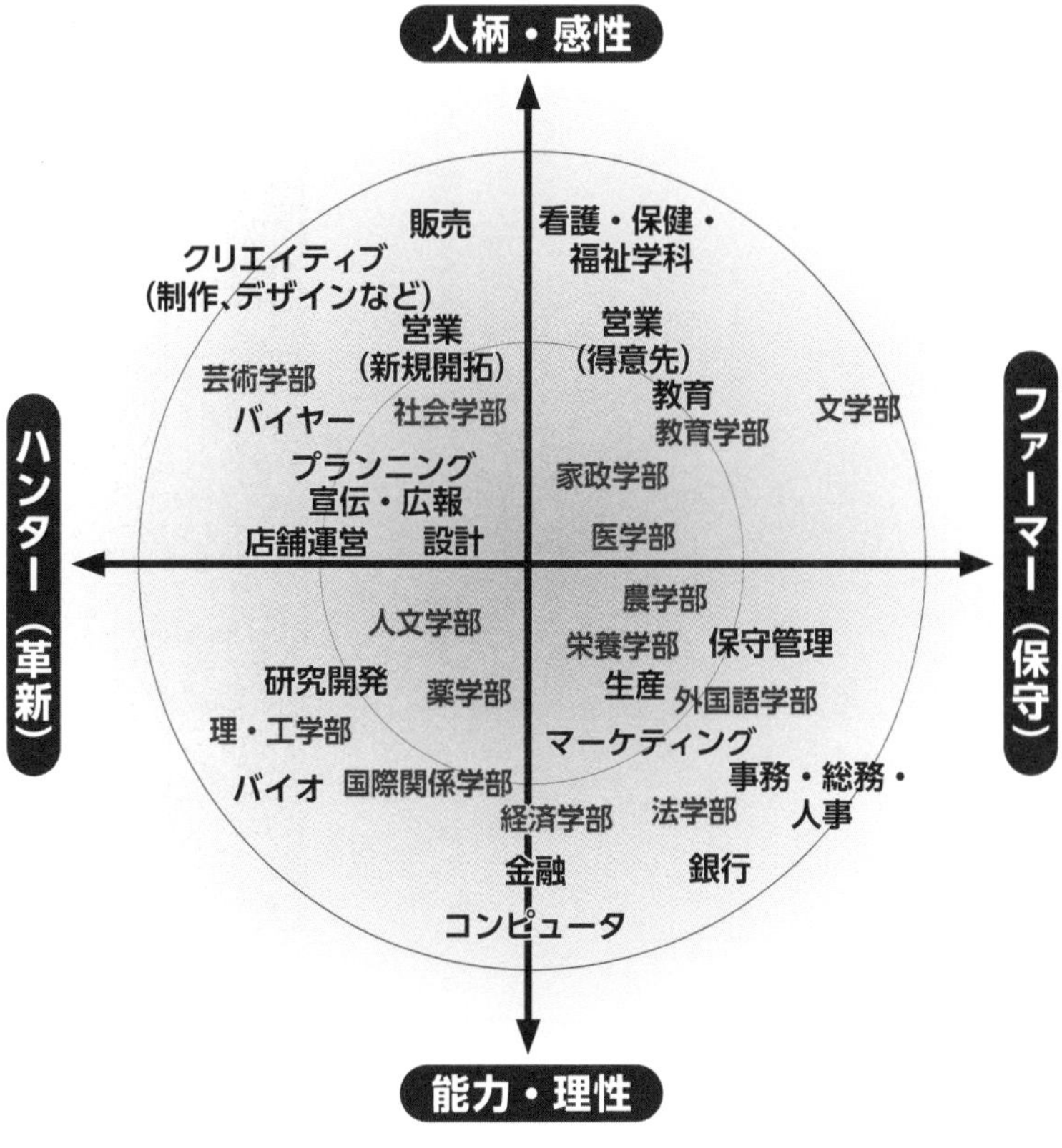
人柄・感性
能力・理性
ハンター（革新）
ファーマー（保守）
販売
クリエイティブ
（制作、デザインなど）
営業
（新規開拓）
芸術学部
バイヤー
社会学部
プランニング
宣伝・広報
店舗運営
設計
看護・保健・
福祉学科
営業
（得意先）
教育
教育学部
文学部
家政学部
医学部
人文学部
研究開発
薬学部
理・工学部
バイオ
国際関係学部
経済学部
金融
コンピュータ
農学部
栄養学部
保守管理
生産
外国語学部
マーケティング
事務・総務・
人事
法学部
銀行

これだけは覚えておこう！①

基本中の基本　原稿用紙の使い方

自分のいいたいことを伝えるための大事なフォーマット（ひな形）、正しい原稿用紙の使い方を理解しよう！

原稿用紙の使い方をマスターすることは、相手に自分のいいたいことを伝えるための「フォーマット」（ひな形）の作り方をマスターすることです。まずは基本からしっかり覚えましょう。

次ページの表はみんなが間違えやすい原稿用紙の使い方をまとめたものです。色がついているマス目は間違えやすいポイントです。注意しましょう。

これだけは覚えておこう！ ①

基本中の基本　原稿用紙の使い方

マス目	字下げ	行の先頭	行の末尾
一字で一マス。拗音（「ゃ」など）、促音（「っ」）、句読点（、。）なども同じ。ただし、閉じカギカッコ（」）と句点（。）は同じマスに入れる。	段落の初めは一マス空ける。	閉じカッコ（」』など）や中黒（・）、長音（ー）、拗音、促音、句読点などは、行の先頭に書かない。前の行の末尾のマスに一緒に入れる。ただし、字数制限のある場合だけは例外。字数オーバーとなるので書けない。	開きカッコ（「『など）などは、行の末尾に書かない。末尾のマスを空け、次の行の先頭に書く。
「僕はピッチャーでした。」	あれは夏のことだった。	私は間違っていたのでしょうか。」	あのときあなたは図書館で、 『羅生門』を読んでいた。

疑問符・感嘆符	点やダッシュ	数字	カギカッコ
疑問符（？）や感嘆符（！）の後ろは一マス空ける。ただし、論文では原則として用いない。	点（……）は、一マスに点を三つ入れ、二マス続ける。ダッシュは、二マス分書く。	縦書きの場合は漢数字、横書きの場合は算用数字で書く。	会話や気持ちを表す場合は一重カギカッコ（「　」）を用いる。カギカッコの中にもう一組カギカッコを書くときは、二重カギカッコ（『　』）を用いる。
「何！　本当か？　そうか……	「僕は……。」後の言葉は出ない。	一九九九年度の日本経済は、…	「君は『違う』と言ったよね。」

前のページの注意事項に従って、以下の答案の原稿用紙の使い方を直しましょう。

次のページに赤字を入れて修正したものを示します。

　あれは2年前のことだった。
私は、まだ高校生だった。アルバイトをして
いるわけでもなく、部活動もしていなかった
。だから、夏休みは暇で暇で仕方なかった。
　あまりにも暇だったので、図書館に行った。
何げなく手に取った一冊の本。吉川英治の「
三国志」だった。かなり厚い本だったが、
「どうせ暇なんだから、これくらい読んでや
ろう」と思い、借りて家に帰った。
　読み始めると、とたんに夢中になった。登
場する人物の生き生きとした姿からは、実際
に彼らの息吹を感じるかのようだった。彼ら
と共に怒り、喜び、悲しんだ。
「なんて面白い本なんだ！なぜ、これまで
にこんな本に出会わなかったんだ・・・・・
・。」
　それ以来、私は歴史、とりわけ中国の歴史
に興味を持つようになった。『項羽と劉邦』
も読んだ。『水滸伝』も読んだ。次は、歴史
そのものを学んでみたいと心から思っている。

これだけは覚えておこう！ ①
基本中の基本　原稿用紙の使い方

あれは2年前のことだった。
私は、まだ高校生だった。アルバイトをして
いるわけでもなく、部活動もしていなかった
。だから、夏休みは暇で暇で仕方なかった。
あまりにも暇だったので、図書館に行った
。
何げなく手に取った一冊の本。吉川英治の
三国志だった。かなり厚い本だったが、
「どうせ暇なんだから、これくらい読んでや
ろう」と思い、借りて家に帰った。
読み始めると、とたんに夢中になった。登

場する人物の生き生きとした姿からは、実際
に彼らの息吹を感じるかのようだった。彼ら
と共に怒り、喜び、悲しんだ。
「なんて面白い本なんだ！なぜ、これまで
にこんな本に出会わなかったんだ……
それ以来、私は歴史、とりわけ中国の歴史
に興味を持つようになった。『項羽と劉邦』
も読んだ。『水滸伝』も読んだ。次は、歴史
そのものを学んでみたいと心から思っている。

二

先頭一字下げる。

行末の句点は末尾のマスに一緒に入れる。

一字あける

最後のマスは句点（。）だけにする。

さあ、全部の問題点を指摘できましたか？

それでは、次に「わかりやすい文章」を書くためのポイントを説明します。その前に質問です。

質問7　「わかりやすい文章」を書くために注意しなければならないことはなんでしょう？　なるべくくわしく考えてください。

これだけは覚えておこう！②

わかりやすい文章を書くための十カ条

わかりやすい文章を書くために守らなければならない十カ条。すべてマスターすれば、コワイものなしだ！

次にぜひ覚えておいてほしいのは、わかりやすい文章を書くためのポイントです。そのポイントを次のページから「わかりやすい文章を書くための十カ条」として説明します。

●文章のどこを修正したかに注目！

この「十カ条」の説明では、まず「悪い例文」を読んでもらい、その上で「解説」を読んでもらいます。そしてそれから「書き直し例」を読んでもらうことで、これらのポイントを守ることがいかに重要であるかを理解してもらいます。

また、すべての「悪い例文」は、以下の新聞投書に対する意見から採っています。もし可能ならあなたも、同じように新聞投書に対して自分の意見を書いてみましょう。その上で自分の文章を読みながら、「十カ条」の説明を読んでみてください。そうすればきっと、自分の書いている文章がどのような傾向を持っているかを実感することができるでしょう。

練習問題

◎以下の新聞の投書を読んで、自分が思ったことを書きなさい。

だらしなくていいじゃない

（千葉県　中学校教員　男性　四三歳）

最近の生徒たちの服装は、だらしない。私の勤めている中学校も、ご多聞に漏れないところがある。多くの先生たちは、そのことを良くないこと、恥ずかしいことと思い、一生懸命指導している。

でも、ちょっと待てよ、と私は思う。だらしなくてもいいじゃない。気持ちの問題だと思う。服装の乱れは心の乱れなんて言うのは、頭の固いだれかさんの言うこと。ワイシャツを出している子もいる。カラーTシャツを着ている子もいる。それでいいじゃない。気持ちが優しくて、勉強も、運動も頑張っていれば、それで十分だと思う。

日本の学校は、あまりに形式的なことが多すぎる。起立、礼に始まり、起立、礼に終わる。競技大会といえば、整列行進。形だけできていれば、気持ちが伴わなくても問題にされないようだ。

問題になった「日の丸」「君が代」法制化もそうだ。卒業式に日の丸が掲げられ、君が代を歌えば、教育委員会は満足するものらしい。問題は気持ちだ。心から国を愛する気持ちで歌わなければ意味がないことだし、法制化しても形式的な要件が整うだけで、無意味なことと思う。

服装一つをとってみても、もっと彼・彼女たちの気持ちを尊重してあげられないものだろうか。先生たちの意識の変革を強く望みたい。

第一条　一文はできるだけ短く、一文一義で

悪い例文

私が思ったことは、確かに今の学校は細かい服装の規則をやかましく言って守らせようとしたり、起立、礼などの形式的なことを徹底して守らせるなど直接勉強に関係ないことまで我々を管理しようとしていると思うし、実際に私も同じような経験を受けたことがあるのでよくわかる。

一文に複数の事柄を入れようとすると、主語と述語のねじれや、呼応の副詞（けっして～ない）や係り受け（なぜなら～だからだ）の混乱などが起こり、大変読みづらくなります。

一文一義とは、「一つの文で一つのことをいう」ことです。つまり、一つの文で一つのことだけをいい、そうした短い文の積み重ねで文章を組み立てていくことが、わかりやすい文章への第一歩なのです。

書き直し例

確かに今の学校は、細かい服装の規則をやかましく言って守らせようとしている。／また、起立、礼などの形式的なことを徹底して守らせるなど、直接勉強に関係ないことまで我々を管理しようとしている。／

実際に私も同じような経験を受けたことがあるのでよくわかる。

第二条　接続助詞「が」はなるべく使わない

悪い例文

このようなことは誰しもが思うことであるが、私も同じような経験をしたことがあるが、そのときはやはりいい気持ちはしなかったが、それは私の友人も同じであった。だが、これはやはり学生時代誰もが経験しているはずだ。

一文が長くなる場面には、必ずといっていいほど、この接続助詞の「が」が現れます。接続助詞の「が」は万能接着剤のように、さまざまな文をつなげてしまうのです。

接続助詞の「が」を多用してしまうと、文章がだらだら長くなってしまう上、何がいいたいのかもぼやけてしまうことになります。

ですから、なるべく接続助詞の「が」は使わないようにしましょう。その代わり、文と文とをつなぐ言葉を適切に入れましょう（↓第四条を参照）。

書き直し例

このようなことは誰しもが思うことである。｜私も同じような経験をしたことがある。｜そのときはやはりいい気持ちはしなかった。｜それは私の友人も同じであった。

これはやはり、学生時代誰もが経験しているはずだ。

第三条　必要な主語はなるべくあらわに

悪い例文

個人の人権を尊重する現代に、服装や形式のことばかりを厳しく規制することは許されるのでしょうか。こんなことがあってもよいのでしょうか。

たしかに、子どものころはしつけの一環として行うこともあるでしょう。しかし、ただ「ためにする」のであれば、むしろやらないほうがよいのではないでしょうか。

主語がない文は、書き手の主体がない文です。このような主語なし文は、自分と他人の区別があいまいなときに生まれます。例文の「許されるでしょうか」という一文では「誰が誰を許すのか」「筆者はなぜ、許さないのか」「我々はなぜ、許さない、と思うべきなのか」といった事柄は不明です。「小論文」、ことに論文型小論文を書くときはなるべく主語をあらわに書きましょう。

書き直し例

個人の人権を尊重する現代に、学校が服装や形式のことばかりを厳しく規制することは適切な対応でしょうか。

たしかに、子どものころは親がしつけの一環として行うこともあるでしょう。しかし、ただ「ためにする」のであれば、むしろやらないほうがよいのです。

第四条　文と文をつなげる語句をなるべく使う

悪い例文

生徒一人一人の気持ちを尊重することは大切だ。学校ではそこまで保障する必要があるだろうか。学校は教育の場である。勉強を教えるのは当然だ。一定の社会のルールを教える必要がある。気持ちが尊重されないとしても、やむを得ない。

第二条で、なるべく接続助詞の「が」は使うべきではない、と説明しました。その代わり、適切に使いこなすべきなのが、接続詞をはじめとする、文と文をつなげる語句なのです。

これらの語句を使用することによって、文と文の関係が明確になり、読み手に自分の主張が伝わりやすくなります。また、そうすることで、自分自身のいいたいことがはっきりしますので、自分の主張が論理的に飛躍していないか、自分で確認することもできます。

書き直し例

生徒一人一人の気持ちを尊重することが大切である。しかし、学校ではそこまで保障する必要があるのだろうか。

たしかに、学校は教育の場である。勉強を教えるのは当然だ。そして、一定の社会のルールを教える必要がある。だから、気持ちが尊重されないとしても、やむを得ない。

第五条　文末はできるだけ簡潔に

悪い例文

筆者の言うことも、わからなくもない。たしかにその通りといえるだろう。

私も同じ教育の現場に立つ者として、学校の「校則」と「個性」の問題には常々考えさせられないわけにはいかない。

文末はなるべく端的にいい切るようにしましょう。例えば次のようにです。

…この例は特殊であるとはいえない。

↓

…この例は特殊ではない。

…この例は普通のことである。

↓

このように、意識的に文末を簡潔にし、いいたいことを明確に表しましょう。ことに「論文型小論文」を書くときには、この原則は非常に重要になります。

書き直し例

筆者の言うことも、理解できる。たしかにその通りだ。

私も同じ教育の現場に立つ者として、学校の「校則」と「個性」の問題には常々考えさせられている。

第六条　同じ概念は同じ語で表し続ける

悪い例文

生徒と先生の間柄は、ある面においては対等である。それは、「自分に意見を言いあえること」ということである。

教師は、子どもの言うことに耳を傾けなくてはならない。たとえ子どもであろうとも、意見はその生徒の個性の表れとも言えるからである。

「概念《がいねん》」というのは、あるものについてみんなが共通にもっている考えの集合体のことです。例えば、「犬」の概念とは、「四本足で毛むくじゃらで、ワンワンと吠《ほ》え、人なつっこい動物」といったものになります。

そして、言葉が違えば、それが指し示す概念も変わるのが原則です。逆に、同じ概念は同じ言葉で表される必要があります。その原則に従えば、前記例文における「生徒」と「子ども」、「教師」と「先生」は、それぞれどれか一つの言葉に統一すべきなのです。

書き直し例

生徒と教師の間柄は、ある面においては対等である。それは、「自由に意見を言いあえること」ということである。

教師は、生徒の言うことに耳を傾けなくてはならない。たとえ生徒であろうとも、意見はその生徒の個性の表れとも言えるからである。

第七条 「と思う」「と感じる」「と考える」はなるべく使わない

悪い例文

私はこの人のいうとおりだと思います。

私の高校生活も、校則に縛られたものだったと思います。そのときは、早くこんなところを卒業したいとばかり考えていました。そのことは、今でも間違っていなかったと思っています。

「小論文」、特に「論文型小論文」では、思った「内容」を書くべきで、〝思った〟という「事実」は書く必要はありません。〝感じる〟と〝考える〟も同様です。

ただし、「作文型小論文」ではこの限りではありません。文末の単調さを避けるためにも、適度に使用してください。でも使いすぎは逆に幼い印象を与えるので注意しましょう。

書き直し例

筆者の言うとおりです。私の高校生活も、校則に縛られたものでした。そのときは、早くこんなところを卒業したいとばかり考えていました。そのことは、今でも変わっていません。

第八条　一段落一義で適切に段落分けする

悪い例文

筆者の言うことは納得がいかない。私の中学校の生活を思い出すと、服装が乱れていた人たちは、やはりいわゆる「不良」だった。高校でもそうだった。やはり、服装にはその人の心のようすが表れると思う。

第一条で述べましたが、文は「一文一義」が原則です。それと同じく、段落は「一段落一義」つまり、一つの段落で一つのことをいうのが原則です。特に「論文型小論文」の場合は、一段落がどんなに短くなっても、この原則を守るようにします。

しかし、この原則も「作文型小論文」のときは少しゆるめてもらってもかまいません。また、論文型小論文の時も、二〇〇字程度のごく短い文章の時は、段落をつける余裕がないので、この原則の適応外になります。

書き直し例

筆者の言うことは納得がいかない。
□私の中学校の生活を思い出すと、服装が乱れていた人たちは、やはりいわゆる「不良」だった。高校でもそうだった。
□やはり、服装にはその人の心のようすが表れる。

第九条　他者の文章は正確に引用する

悪い例文

筆者は、服装の乱れについていちいち注意する人は結局、形式が守られることだけを求めていると書いている。そして、「日の丸」や「君が代」の問題も、結局は服装についての注意と同じで無意味であると書いている。

右の例文は、投書を正確に引用していないため、ピントのずれた、投書の内容から離れた文章になっています。このような事態を避けるためにも、他者の文章は正確に引用しましょう。

引用を行うことで、①他者の意見と自分の意見をきちんと分けてとらえられ、②資料文から目が離れてしまうのを防ぐ、ことができます。

ですから設問に、「要約せよ」と書かれている場合をのぞき、資料文は正確に引用しましょう（「引用」については98ページを参照）。

書き直し例

筆者は、「だらしなくてもいいじゃない。気持ちの問題だと思う。」と述べている。また、「『日の丸』『君が代』法制化も、（中略）法制化しても形式的な要件が整うだけで、無意味なことと思う。」と述べている。

第十条　他者の文章に対し、文章の内容を越えてその人の人格に言及してはならない

悪い例文

この人は、「起立、礼」という挨拶を無意味であるように書いているが、きっと毎時間の授業のはじめとおわりには、必ず「起立、礼」をやらせているにちがいない。結局は口先だけできれい事を言っているだけで、「生徒の気持ちを尊重」などといいながら、注意するのがいやな臆病者なのだ。

「文は人なり」といいます。確かに文章を読むとその人の人柄や、性格などを感じることができます。しかし、文は文であって、その人本人ではありません。人間は奥深いものです。一片の文章でその人を断定してはいけません。

それにその人の性格までを問題にしてしまっては、物事を正確に論じることができなくなってしまいます。他者の意見を論ずるときは、文の内容に限定して論じましょう。

書き直し例

筆者は、形式的なことの例として、「起立、礼」を挙げている。しかし、果たして筆者は、毎回気持ちのこもった「起立、礼」をさせているのだろうか。または、形式だけならばいらないと、廃止しているのだろうか。

形式だけのことを問題視するのであれば、まず自らの行動が伴わなくてはならない。筆者はまず、自らの行動を書いて報告すべきだ。

以上が、わかりやすい文章を書くための十カ条です。自分がどんなことに気をつけて文章を書いたらよいか、あなたはわかりましたか？

＊

それでは次に、小論文を書く際に絶対やってはいけない〝これだけはやっちゃだめ〟を説明します。でもその前に質問です。

質問8 小論文を書く際に絶対やってはいけないこととはなんでしょう？「文章」と「態度」の二つに分けて考えてください。

わかりやすい文章を書くための十カ条

第一条　一文はできるだけ短く、一文一義で

第二条　接続助詞「が」はなるべく使わない

第三条　必要な主語はなるべくあらわに

第四条　文と文をつなげる語句をなるべく使う

第五条　文末はできるだけ簡潔に

第六条　同じ概念は同じ語で表し続ける

第七条　「と思う」「と感じる」「と考える」はなるべく使わない

第八条　一段落一義で適切に段落分けする

第九条　他者の文章は正確に引用する

第十条　他者の文章に対し、文章の内容を越えてその人の人格に言及してはならない

小論文の練習をするときは、このページをコピーして机の前に貼っておきましょう。

これだけはやっちゃだめ！　小論文べからず集①

これだけはやっちゃだめ「文章」編

小論文を書くときに絶対してはいけない〝やっちゃだめ〟。これをやったら絶対受からないぞ⁉

それでは以下に、小論文を書くときに絶対してはいけない〝これだけはやっちゃだめ〟を挙げます。まず最初は「文章」編。このような文章は大きく減点されます。気をつけましょう。

●だめその1：誤字脱字は絶対だめ！

誤字脱字は絶対にいけません。基本的な読み書き能力を疑われます。また、脱字などを見逃すということは、推敲をきちんとしていない、ということを表します。注意力に欠け、いい加減な性格である、という評価を受ける可能性があります。

「自信のない漢字は書かず、別な言葉を探す。どうしようもないときはひらがなで書く」「必ず二回は推敲する」この二つをしっかり胸に刻んでおいてください。

●だめその2：話し言葉、若者言葉は絶対だめ！

この章の最初のほうで述べましたが、試験官は圧倒的に「おじさん」世代です。この世代の永遠の特徴として、若者言葉をきらうという傾向があります。ですから、小論文試験においては話し言葉、若者言葉は絶対に使わないように注意してください。

特に怖いのは、無意識のうちに出てしまう話し言葉です。巻末の付録に「つい使ってしまう話し言葉」の一覧（223ページ）がありますので、一読の上、気をつけるようにしてください。

●だめその3：段落なしは絶対だめ！

段落なしでびっしり書かれた答案は、何も書いていない白紙の答案と同じです。それは、「これはなんの計画もなしに、書いているうちに書けてしまった読む価値のない答案です」と主張しているようなものなのです。

きちんと「プロット」（あらすじ・構成のこと。くわしくは74ページを参照）を立て、段落構成を考えてから書き出すようにしましょう。特に「論文タイプ小論文」では「一段落一義」の原則も忘れずに。

●だめその4：乱暴な字は絶対だめ！

試験官は何十枚、時には何百枚、何千枚もの答案を読まなければなりません。このような状況におかれた試験官の精神状態は、まさに「うんざり」のひと言です。そのような精神状態の試験官が、乱暴な字で書かれた答案を、解読しながら真剣に読んでくれるとは考えられません。

面接における服装のように、小論文においては手書きの文字がその人を表します。上手な字を書けというのではありません。なるべくていねいで読みやすい字を書くようにしましょう。

●だめその5：ことわざ、慣用句の使いすぎは絶対だめ！

ことわざ・慣用句を小論文で使いすぎると、試験官に古くさい（おやじくさい？）印象を与えてしまいます。当人は、自分の知識をアピールしているつもりなのかもしれませんが、かえって、**自分自身の言葉を使おうとせず、既成の言葉に頼っている、という印象を与えてしまう危険性がある**のです。ですから、ことわざ・慣用句は、使いすぎないようにしましょう。

●だめその6：字数オーバーは絶対だめ！

字数オーバーは絶対にいけません。特に気をつけなければいけないのが、「○○字以内」と言われた時に最後の一マスに字と句点を一緒に入れてしまうことです。これは厳密にいうと「一字オーバー」で、最悪の場合、「失格」になります。

就職試験の場合、**決められた字数を守れない奴は、仕事上の約束も守れないに違いない、と考えられてしまいます**。ですから、決して字数オーバーはしないようにしてください。

逆に字数が少なすぎてもだめです。規定文字数の八割から九割は埋めるようにしましょう。（くわしくは、71ページを参照）

これだけはやっちゃだめ! 小論文べからず集②

これだけはやっちゃだめ 「態度」編

なにげない表現から伝わるあなたの態度。そこに問題はホントにないか? 心配ならいますぐチェック!

〝これだけはやっちゃだめ〟「文章」編に続いてこんどは「態度」編です。なにげないつもりで使った表現からあなたの態度が相手に伝わってしまいます。

以下に示す五つの態度は決して高い評価は受けられません。このような態度が文章から感じられないか、いますぐあなたの答案をチェックしてみましょう。

●だめその1：優等生になりすぎはだめ!

当たりさわりのない正論だけを述べる優等生的答案は、高い評価を得ることができません。借り物の言葉で正論を述べるより、少々つたなくとも、自分の言葉で論じましょう。

禁句フレーズ!〈例〉

（誰も反対できない「正論」だけで論文が終わっている）

●「犠牲者を生み出し、世界を破壊しつくす戦争は忌むべきである。」
●「我々は、争いのない平和な世界を目指すべきである。」
●「環境を破壊し、人間の健康をも脅かす科学技術の発展は許されない。」

●だめその2：優柔不断になっちゃだめ！

いいたいことがはっきりしない答案も決して高く評価されません。いいたいことを絞って、はっきりと述べるようにしましょう。

禁句フレーズ！〈例〉

●「○○できるかもしれないと言えるだろう。」
●「よくないというわけではない。」
●「そうではないと言われれば、確かにそうかもしれない。」
●「別な可能性も否定できない。」（といってどんな可能性があるのかをいわない）

●だめその3：生半可な知識を振り回してはだめ！

生半可な知識を振り回してはいけません。試験官はその道のプロなのです。中途半端な知識は失笑を買うだけです。自信のないことに関しては書かないことです。

禁句フレーズ！〈例〉

●「フッサールいわく、『…』」（エライ人の言葉の引用）
●（読んでもいないのに）「私は源氏物語を通読したことがあるが、……」
●（知りもしないのに）「現在の経済学の限界はすでに周知の通りである。」
●「ポストモダン社会の中でゲマインシャフトから離れられないというエゴを形成した人々は、ともするとゲゼルシャフトを目指す者にとってア・プリオリ的なデジャ・ヴなのかもしれない。」
（むやみにカタカナ語を使っているうえに意味不明）

●だめその4：感情的になってはだめ！

小論文は作文型にせよ論文型にせよ、冷静に語るべきものです。落語家は人を笑わせるとき、自分では笑いません。強く感情に訴えたいときは、より冷静に語るようにしましょう。

禁句フレーズ！〈例〉

●「こんなことが許されるわけがない。」
●「そんなことは信じられない。」
●「…と聞いてびっくりした（悲しかった、うれしかった）。」
●「このような文章を書く人間の根性が私にはまったく理解できない。」
●「しょせんこいつらは何をいっても理解できないバカなのだ。」

●だめその5：傍観者になってはだめ！

論じている事柄に対して、まるで人ごとのような態度を取ってはいけません。このような態度を「当事者性の欠如」といいます。試験官に非常に無責任な印象を与えます。絶対にやめましょう。

禁句フレーズ！〈例〉

●「○○には○○してもらいたいものである。」
●「社会が変わっていくべきであろう。」
●「将来にわたって検討されるべき問題である。」
●「私たちが何をしようとも世の中は変わらない。」
●「○○が××すれば、きっとよくなってくれると思う。」

＊

さて、以上で基礎知識は終了です。次章では、いよいよ実際の小論文の書き方をくわしく説明します。

第2章

これなら書ける！
4ステップ
小論文答案作成法
〜実戦演習編〜

4ステップ答案作成法 ⓪

答案作成で一番気をつけること

小論文の答案作成で一番大切なことは、設問の要求をしっかり満たしてあげることです。

「はじめに」で述べたように、「高度なコミュニケーション試験」としての小論文試験の答案作成において、一番気をつけるべきことは、**「設問の要求に過不足なく応えること」**です。

つまり、設問が要求しているとおりに、段落構成をつくり、設問が要求していることだけを書くようにすることが、小論文を書く上で最低限守らなければならないことなのです。

●良い答案は設問と美しく響き合う

例を見てみましょう。

例題

再生医療やゲノム創薬など、近年、生命科学はめざましい発展を遂げている。この発展のプラス面とマイナス面を挙げ、われわれは今後、この技術とどのように関わっていくべきか、あなたの考えを述べなさい（六〇〇字以内）

このような問題が出題されたら、設問に忠実に応えましょう。つまり、「生命科学発展のプラス面」→「マイナス面」→「今後われわれがどのようにこの技術と関わっていくべきか」という流れで、段落構成と内容を考え、答案化するのです。するると、必然的に次のような答案になります。

解答例

生命科学発展のもっとも大きいプラス面は、現代医療に新たな治療法の可能性を開いたことである。

たとえば、最近注目されている再生医学である。これはｉＰＳ細胞という多能性幹細胞を使って、その人の臓器を再生させようという医学である。この方法が発達すれば現在の臓器移植が持つ拒絶反応などの問題が一挙に解決するのではないか、と期待されている。

一方、生命科学発展のマイナス面とは、その使い方によっては、生命の尊厳を傷つけかねないことである。

たとえば、遺伝子組み換え動物の開発や、出生前診断による命の選別など、生き物の命そのものを思い通りにコントロールできるようになっている。これらは一歩間違えると、生命の尊厳を大きく傷つけてしまう。

では、我々は今後どのように生命科学と関わっていくべきか。

まず早急に生命科学に関する倫理（バイオエシックス）を確立するべきだろう。そして「やれること」と「やってよいこと」をはっきりさせ、原則的にバイオエシックスが確立するまで「やれること」であっても禁止にするべきである。そもそも生命科学、特に遺伝子操作技術によってなにが引き起こされるかは、まだはっきりしない部分が多い。このような状況では「やれること」を野放しにすべきでない。大いなる可能性を秘めた技術だからこそ、その運用は慎重であるべきだ。

いかがでしょう？　設問と答案がきちんと対応しているのがおわかりでしょうか？

4ステップ答案作成法 ⓪

答案作成の4つのステップ

小論文の答案は、「設問分析」「プロット作成」「執筆」「推敲」の四つのステップで完成します。

良い小論文を書くために、答案は、

①設問分析
②プロット作成
③執筆
④推敲

の四つのステップで作成します。

●ステップ1：設問分析

まず、「①設問分析」

与えられた設問や条件をよく分析して
「書くべきことは何か？」

「どのような構成で書くべきか？」

を考え、答案の方向性を確定します。

●ステップ2：プロット作成

つぎに「②プロット作成」。

〝プロット〟とは、簡単に言うと答案の流れを記した「あらすじメモ」のことです。

そしてじつは、この「プロット作成」が小論文の作成においては一番重要です。きちんとしたプロットが完成すれば、すでに七〇％は完成したといってもよいでしょう。

具体的には、

(1)段落構成と字数配分の決定
(2)トピックセンテンス（＝骨となる文）の記入
(3)触れるべき内容のメモの記入

を行います。

●ステップ３：執筆

そしてプロットが完成したら、「③執筆」です。プロットに記されたトピックセンテンスに「サポートセンテンス（＝肉となる文章）」を書き足す形で書いていきます。

執筆は時間が一番かかるステップですが、きちんとプロットができていれば一番楽しいステップです。

(1)トピックセンテンスの言い換え
(2)具体例の報告
(3)主張をシミュレーションした結果

の三つを中心に書いていきましょう。

●ステップ４：推敲

そして、最後に「④推敲」。

推敲はできれば執筆から少し時間をおいてから行いましょう。

執筆中は、ある意味「熱中状態」。その時は素晴らしい文章が書けたと思っても、後で見直すとおかしな部分が多々あるものです。だからもし時間が許せば小論文をちょっと「寝かせ」、少しクールダウンしてから他人の目で推敲を行いましょう。

以上が、小論文作成のための四つのステップです。次項から四つのステップを一つずつ説明していきます。

4ステップ答案作成法 ①

ステップ1：設問分析

まずは設問をしっかり分析して、「何を」「どう」書いたらよいかを知り、心構えしましょう。

小論文の答案作成の四つのステップ。

まずは、最初のステップである「設問分析」から始めましょう。これを行うことで、「何を」「どう」書くかの方針が決まり、マインドセット（心構え）ができます。

ただ、このまま抽象的な説明をしていても、分かりづらいと思いますので、ここから先は、以下の例題にそって解説していこうと思います。

例題

中学・高校六年間の授業を受けても日本人の英語力は国際的にみて低いと言われています。あなたはその原因は何だと思いますか。またこの問題をどのように解決すべきだと思いますか。（六〇〇字以内）

●出題パターン分析

設問分析は、まず小論文の出題パターンの分析から始めましょう。

ほとんどの小論文の問題は、以下の三つの基準によって分類され、合計八種類のパターンのどれかにあてはまります。それぞれのパターンによって答案作成時の手順と心構えが変わってきますので、まずはこの分類方法をしっかり覚えましょう。

●「論文タイプ」VS「作文タイプ」

まずは、書く内容上の分類です。これは「論文タイプ」と「作文タイプ」に分かれます。

①論文タイプ小論文

「論文タイプ小論文」とは、社会の事象に対する自分の意見を、客観的に書く論文のことです。

「少子高齢化社会について」や「これからの学校教育に求められるものは何か」といった設問が代表的なものでしょう。このような問題が出されたら、「社会的な事柄を中心に書くのだ」とマインドセット（心構え）をする必要があります。

「論文タイプ小論文」の評価項目は、おもに「知識」「思考力」「客観性」となります。

②作文タイプ小論文

一方、「作文タイプ小論文」とは、おもに自分の経験や心情を主観を交えて書く論文のことです。「○○を志望する理由をかけ」や「○○時代に一番印象に残ったこと」といった設問が代表的なものでしょう。このような問題が出されたら、「自分の経験を中心に書くのだ」とマインドセットをする必要があります。

「作文タイプ小論文」の評価項目は、おもに「人柄」「性格」「熱意」となります。


そしてこの「論文タイプ」VS「作文タイプ」の分類で気をつけてもらいたいことは、**「論文」と「作文」は、グラデーションであるということです。**「論文」の中に、自分の経験など「作文」的な要素も入ってくることもありますし、「作文」の中に、「論文」的な要素が入ってくることもあります。

「どちらかというと論文」「どちらかというと作文」程度に捉え、問題ごとに適切な配分を考えてください。

●「設問応答型」VS「自由記述型」

つぎに、設問の形式上の分類です。これは「設問応答型」と「自由記述型」に分かれます。

①設問応答型

「設問応答型」の課題とは、設問が書くべき内容と順番を指定してくる問題です。この型が出題されたら、設問の要求に忠実に従って段落構成を考えなければなりません。現在の主流派です。

②自由記述型

一方、「自由記述型」の課題とは、設問が書くべき内容と順番を指定してこない問題のことです。この型が出題された時は、第3章で説明する

論文タイプ VS 作文タイプ

論文と作文はグラデーション！

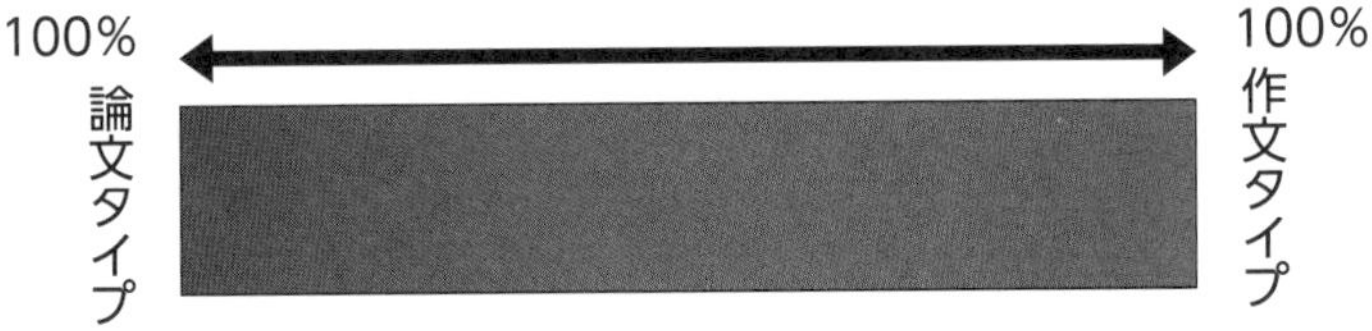

→適切な配分を考えること！

「本当に使える型」が役に立ちます。現在は減少傾向にあります。

そして、この**「設問応答型」VS「自由記述型」の分析が「運命の分かれ道」といってよいほど重要なポイントとなります。**

なぜなら、この違いで、このあとの答案の作成方針が大きく変わるからです。

「設問応答型」の場合、書くべき内容もその順序も指定されますので、「設問の要求通りに構成する」ことになります。

一方、「自由記述型」の場合は、文字通り「自由」なのですが、ただ、時間効率のことを考えると、ある程度「型」を使うことが、効果的になります。（96ページ以降で詳しく説明）

ですので、この分析は十分慎重に行いましょう。

●「資料付き」VS「テーマのみ」

最後に、参考資料の有無に基づく分類です。

①資料付き小論文

文字通り、答案作成の材料となる資料（文章・図表）が与えられている問題です。現在の大学入試の主流派です。

このタイプの問題では、資料と関連付けて論ずる必要があります。

②テーマのみ小論文

答案作成の材料となる資料が与えられていない問題です。減少傾向にありますが、昇進・昇格試験や就職試験などではまだまだ出題されます。

基本的には、自分の持っている知識や経験の範囲で答案を作成することになります。

●出題パターンマトリックスとマインドセット

さて、これまでに紹介した小論文の出題パターンをまとめると以下のようになります。

◎は「非常によく出題される」、○は「よく出題される」、△は「減少傾向、あるいはあまり出題されないが、注意が必要」、×は「あまり出題されることはない」を意味します。

また、それぞれのパターンが出題された時に、あなたが意識しなければならない「マインドセット（心構え）」は左ページの通りになります。

あなたが当日小論文の問題を見たら、まずは上記の出題パターンに当てはめて考え、自分がどのようなマインドセットで答案を書かなければならないかをしっかり把握しましょう。

また、これから小論文の練習を始める人は、過

「小論文」の分類まとめ

内容	論文タイプ			作文タイプ		
形式	資料文付き	設問応答型	◎	資料文付き	設問応答型	×
		自由記述型	△		自由記述型	×
	テーマのみ	設問応答型	○	テーマのみ	設問応答型	△
		自由記述型	△		自由記述型	○

設問分析後のマインドセット

論文タイプ	作文タイプ
社会のことを書く！	自分のことを書く！
設問応答型	**自由記述型**
設問に合わせて書く！	「型」を使って書く！
資料付き	**テーマのみ**
資料に関係づけて論ずる！	自分の知識に関連づけて論ずる！

去の問題等にあたり、自分がどのパターンの小論文を書くのかを把握した上で、そのパターンにあった問題の演習を行いましょう。

●字数を確認する

つぎに試験問題が配付されたら、制限字数を確認しましょう。

制限字数は、あなたに与えられた「絶対条件」です。その条件を守らなければ、採点者は採点してくれません。

①「〇字以内」の指定なら

「〇字以内」とあれば、〇字の九割を超えることが原則です。たとえば、「八〇〇字以内」であれば九割の七二〇字を超えることが求められます。そして、絶対に〇字を超えてはいけません。

②「〇～〇字」の指定なら

〇～〇字以内、とあれば、その中に収めます。たとえば、「八〇〇～一〇〇〇字」であれば八〇一字以上書けばよいわけです。ですが、できれば中間地点、つまりここでは九〇〇字を超えていることが理想です。幅のある字数指定の場合は、その中間を超えることを目指しましょう。

③「〇字程度」「〇字前後」の指定なら

〇字程度（〇字前後）とあれば、〇字のプラスマイナス一割程度に収めます。たとえば、「八〇〇字程度」であれば八〇〇字のプラスマイナス一割、つまり七二〇～八八〇字が目安となります。

●時間配分をする

字数を確認したら、つぎは時間配分です。会場に集まって制限時間内に一斉に答案を作成する小論文試験では、時間配分が大きなカギを握っています。

では、どのように時間を配分すればいいのでしょうか？　時間配分には、じつは「公式」と呼べるものが存在します。この公式に当てはめてみると、何にどのくらいの時間をかければいいかがわかります。

試験に関する情報が入手できて、制限字数と制限時間が判明したら、公式を使って、どのような時間配分にするか決めておきましょう。

> **時間配分の公式**
>
> 「制限時間」－（「執筆時間」＋「推敲時間」）＝「問題分析・プロット作成の時間」

公式の使い方は、以下のとおりです。

まず、準備作業として新聞記事や本の文章をそのまま原稿用紙等に書き写し、「制限字数」を埋めるために必要な物理的な時間を計ります。その時間に数分～一〇分を足すと、本番で必要とされ

ステップ1：設問分析

る「執筆時間」がわかります。

つぎに制限時間から、「執筆時間」と「推敲時間（五～一〇分）」を引きます。それが「問題分析・プロット作成の時間」です。

たとえば制限時間六〇分で、制限字数六〇〇文字を書き写すのに必要な時間が二〇分なら、「執筆時間」は三〇分ほど。それに「推敲時間」を五分とるとすれば、六〇分－（三〇分＋五分）＝二五分が、「問題分析・プロット作成の時間」の適切な時間となるわけです。

●例題の「設問分析」

> **例題**
>
> 中学・高校六年間の授業を受けても日本人の英語力は国際的にみて低いと言われています。あなたはその原因は何だと思いますか。またこの問題をどのように解決すべきだと思いますか。（六〇〇字以内）

前述の手順にしたがって例題を設問分析すると左記のようになります。赤くなっている部分が該当箇所になります。

例題の設問分析結果

論文タイプ	作文タイプ
社会のことを書く!	自分のことを書く!
設問応答型	自由記述型
設問に合わせて書く!	「型」を使って書く!
資料付き	テーマのみ
資料に関係づけて論ずる!	自分の知識に関連づけて論ずる!

制限字数	時間配分（準備：執筆：推敲）
541文字以上600字以内	25分：30分：5分

4ステップ答案作成法 ②

ステップ2：プロット作成

プロットは、小論文の「設計図」。しっかり考え、時間をなるべくとって、丁寧に計画しましょう。

設問を分析して、マインドセットできたら、つぎはいよいよ「プロット作成」です。

「プロット」というのは、「あらすじ」あるいは「構想」という意味の言葉です。

小説などで言えば、登場人物の設定や事件の流れなどを書いたもの、論文で言えば、章立てや段落構成の計画書を意味します。いわば、**文章の「設計図」**といえるでしょう。

そして、小論文ではプロットさえできれば、答案は七〇％完成したと言えるくらい大事なものなのです。

●プロット作成で行う三つのこと

そして「プロット作成」であなたが行うことは、以下の三つです。

①段落構成と字数配分を決める
②トピックセンテンスを書き込む
③その他書くべきことをメモする。

まず、設問分析の結果にしたがって、①段落構成と字数配分を決めます。

「設問応答型」の場合は、設問の要求にしたがって、「自由記述型」の場合は、後述する小論文の型に沿って、段落構成を考えましょう。

つぎに、②トピックセンテンスを書き込みます。トピックセンテンスとは、通常段落の最初におかれて、その段落で何を伝えるかを端的にあらわした文のことです。

そして、最後に③その他書くべきことをメモします。トピックセンテンスで伝えたいことを、より深く理解してもらうために、どのようなことを書いたらよいかを、簡潔にメモしてください。

それでは、ここから先は、再度、例題を使って具体的に解説します。

例題

中学・高校六年間の授業を受けても日本人の英語力は国際的にみて低いと言われています。あなたはその原因は何だと思いますか。またこの問題をどのように解決すべきだと思いますか。（六〇〇字以内）

●設問の要求に合わせて段落構成を考える

今回の例題の場合、出題者が要求している書くべきことは、以下の二つです。

(1)「日本人の英語力が低い理由」
(2)(1)をふまえた「この問題の解決策」

ですので、段落構成は、最少で二段落となります。つまり、前半が「日本人の英語力が低い理由」そして後半が「この問題の解決策」となるわけです。

ここで、「最少で」と断りを入れたのは、このあとの執筆段階で、この前半と後半の段落がさらに細かく分かれる可能性があるからです。

たとえば、解決策が二つあれば、それぞれの説明で一段落ずつ使うこともあるでしょう。ですので、プロット作成の段階では、「大きな内容上の段落分けを行う」というつもりでいてください。

仮にもうすこし細かく段落分けをしておくと、たとえば以下のようになります。

第一段落：「日本人の英語力が低い理由」
第二段落：第一段落の根拠となる事実
第三段落：「この問題の解決策」
第四段落：解決策の具体的な説明

●字数を配分する

このようにして、あるべき段落構成が決まったら、つぎに、段落ごとの字数を考えます。

基本的には、書くべき内容の冒頭部分は、なるべく簡潔に、そしてその根拠や説明の部分はなるべく具体的に記述する方が、バランスが良くなりますので、今回の例題であれば、字数配分はシンプルに以下のようにするのがよいでしょう。

第一段落：「日本人の英語力が低い理由」
↓一〇〇文字程度
第二段落：第一段落の根拠となる事実
↓二〇〇文字程度
第三段落：「この問題の解決策」
↓一〇〇文字程度
第四段落：解決策の具体的な説明
↓二〇〇文字程度

●トピックセンテンスを書き込む

こうして、段落数と字数の割り振りが決まったら、今度は、各段落の先頭にトピックセンテンスを書き込みます。

トピックセンテンスとは、通常、各段落の先頭に置かれ、その段落で伝えるべきことを簡潔にまとめた文のことです。

いわば、文章の中でもそれがなくなると意味が通じなくなる「骨の文」ということもできるでしょう。（そして、この「トピックセンテンス（骨の文）」をより深く理解させるための文のことを、「サポートセンテンス（肉の文）」といいます）

そして、ここでのポイントは、**トピックセンテンスはきちんと「文」にしておくこと**です。

多くの人がこのあとの執筆で一番悩むのが「書き出し」です。ですのでこの段階で一番大事な書き出しの部分を、きちんと「文」の形で作っておきましょう。そうすることで、執筆の時に悩む必要がなくなります。

また、しっかり書き出し部分を作っておけば、途中の文章が少しおかしくなったとしても、しっかり意図は伝わります。

先ほどの例題であれば、前半と後半を、たとえば以下のようなトピックセンテンスで始めるようにしましょう。

(1)「日本人の英語力が低い理由」

トピックセンテンス

「日本人の英語力が国際的に見て相対的に低いと言われる原因は、中学・高校六年間の英語の授業が、教室内で閉じていることである。」

(2) (1)をふまえた「この問題の解決策」

トピックセンテンス

「英語を教室の外の世界に接続し、生きた言葉として学ぶ空間を作るべきである。」

●その他書くべきことをメモする

トピックセンテンスを書き込んだら、あとは、サポートセンテンスで書こうとする内容を「メモ」しておきましょう。**ここは単語レベルでの記入で問題ありません。**

「このことを書いてトピックセンテンスを理解し

てもらうのだ」というつもりでメモします（そしてこの部分は、実際の答案作成時に、「調整弁」として削除の対象になったりもします）。

たとえば、例題でいえば、前半部分のトピックセンテンス「日本人の英語力が国際的に見て相対的に低いと言われる原因は、中学・高校六年間の英語の授業が、教室内で閉じていることである」を理解してもらうために、どのような例があるかをメモします。

同様に後半はトピックセンテンス「英語を教室の外の世界に接続し、生きた言葉として学ぶ空間を作るべきである」を理解してもらうために、どのような方法があるかメモします。

(1)「日本人の英語力が低い理由」

「日本人の英語力が国際的に見て相対的に低いと言われる原因は、中学・高校六年間の英語の授業が、教室内で閉じていることである。」

（メモ）

AETの先生↓英語ゲーム、活用できていない

(2)(1)をふまえた「この問題の解決策」

「英語を教室の外の世界に接続し、生きた言葉として学ぶ空間を作るべきである。」

（メモ）

ICTの活用↓テレビ電話・Eメール・SNS

●プロットは縦横無尽に考えよう

さて、ここまでプロットの作り方を、順を追って説明してきましたが、じつはプロットは先頭から順に作らなければならないわけではありません。

たとえば、最後の部分を思いついたら、そこを起点に前の方を、真ん中の部分を思いついたら、そこを起点にその前後を考えるようにしてください。縦横無尽にプロットを組み立てましょう。

例題のプロット実物

(1)「原因」

日本人の英語力が国際的に見て相対的に低いと言われる原因は、中学・高校6年間の英語の授業が、教室内で閉じていることである。

(例)AET(外国人講師)の先生
→活用できていない
→英語ゲーム
↓
このままでは✕

(2)「解決策」

では、この問題を我々は今後、どのように解決したら良いか。
英語を教室の外の世界に接続し、生きた言葉として学ぶ空間を作るべきである。

(例)ICT(情報通信技術)の活用
→テレビ電話
→e-mail
→SNS

※自らの英語を使って
現実世界でコミュニケートする

4ステップ答案作成法③

ステップ3：執筆

プロットが完成したらいよいよ執筆です。下書きはせず、プロットに忠実にじっくり書いていきましょう。

小論文の設計図である「プロット」が完成したら、いよいよ「執筆」です。

でも、「執筆」は、じつはそれほど悩む必要はありません。

なぜなら「執筆」とは、**プロットに書かれた「骨の文（＝トピックセンテンス）」に、「肉の文（＝サポートセンテンス）」を付け加える作業**だからです。

●三種類の「肉の文」

そして、代表的な「肉の文」は、以下の三種類です。

(1)言い換え表現
(2)具体例
(3)シミュレーション結果

例題を使って説明しましょう。

(1)言い換え表現

骨の文

日本人の英語力が国際的に見て相対的に低いと言われる原因は、中学・高校六年間の英語の授業が、教室内で閉じていることである。

肉の文
つまり、英語が生活の中でどのように使われているかを感じられないまま授業を受けていることが、日本人の低い英語力の原因なのである。

人間は文章を読んで理解するまでに、一定の時間が必要です。

その時間を与えるためにも、代表的な言い換えの接続詞「つまり」を使って、トピックセンテンスの内容を別表現で言い換えて、骨の文の主張を強調するのです。

(2)具体例

骨の文
日本人の英語力が国際的に見て相対的に低いと言われる原因は、中学・高校六年間の英語の授業が、教室内で閉じていることである。

肉の文
たとえば、私が受けてきた英語の授業でも、せっかくネイティブの先生が来ているのに、教科書の英文を「正しい発音」で読み上げてもらったり、日常生活とはかけ離れた「英語ゲーム」を行ったりするだけであった。

「具体例」は、「肉の文」の王道です。

「たとえば」使って、トピックセンテンスの根拠となる具体例を挙げてトピックセンテンスの主張に説得力を与えましょう。

そしてこの「具体例」は、字数調整を容易にしてくれます。

具体的な事実は、細かく書く気になれば、いくらでも細かく書くことができます。また逆に、簡潔に表現したいときは、短くまとめることもできます。それはつまり字数を容易にコントロールできるということです。

ですので「肉の文」の使い方に迷ったときは、まずは「具体例」を使うとよいでしょう。(85ページに、このテクニックを使って、字数を増やした例を挙げておきます)

(3)シミュレーション結果

骨の文
日本人の英語力が国際的に見て相対的に低いと言われる原因は、中学・高校六年間の英語の授業が、教室内で閉じていることである。

肉の文
このままの状態が続くとしたら、日本人の英語力はいつまでたっても向上しないであろう。

「シミュレーション」とは、今後の予測のことです。「このまま進むと」と、未来の予測を書いて、話を発展させるときに使います。

ただ、この肉の文は使いすぎに注意しましょう。使いすぎると、「予測」ではなく、「妄想」になってしまいます。あくまでも「ほとんどの人が納得できる範囲の予測」に収めておきましょう。

もちろん、これら三つの肉の文の付け方だけが、執筆の方法ではありません。

もっとさまざまな肉の文の付け方はありますが、まずは、この三つの方法を覚えておくと、「何を書いたらよいか分からない」という悩みは、だいぶ解消されると思います。

これら三つの方法を基本として、トピックセンテンス(骨の文)を支える文を書いてください。

●ぜったいにプロットを変更しないこと!

また、執筆のときはぜったいにプロットを変更しないで下さい。

執筆がうまくいかないと、ついついプロットを変更したくなります。あるいは、執筆中に別なアイディアが浮かんできて、そちらのほうが良いように思われてくることもよくあることです。

しかし、ほとんどの場合、最初のプロットの方が、整っていることが多いものです。最後まで、最初のプロットをしっかり守って書きましょう。

●下書きはするな！

参考書によっては、「下書きを書け」と指導している本もあります。しかし、これはお勧めできません。「下書きはしてはいけない」のです。

しっかりとしたプロットなしでは、いくら下書きをしても、提出用の論文の質が良くなるわけではありません。そんな時間があるのなら、しっかりとしたプロットを立てるほうに時間をかけましょう。

●美しくなくてもよいから、とにかく丁寧に

小論文の答案における字は、面接における服装や身なりとおなじです。乱暴な字や小さすぎる字はそれだけで、大きなマイナス点となります。

美しい字を書こうとする必要はありません「丁寧にはっきりと読みやすい字で書く」ことを肝に銘じておいてください。それでは次頁に例題に対する解答例を挙げます。プロット、骨の文、肉の文の関係を意識して読みましょう。

例題 解答例（六〇〇字バージョン）

日本人の英語力が国際的に見て相対的に低いと言われる原因は、中学・高校六年間の英語の授業が、教室内で閉じていることである。

つまり、英語が生活の中でどのように使われているかを感じられないまま授業を受けていることが、日本人の低い英語力の原因なのである。

たとえば、私が受けてきた英語の授業でも、せっかくAETの先生が来ているのに、教科書の英文を「正しい発音」で読み上げてもらったり、日常生活とはかけ離れた「英語ゲーム」を行ったりするだけであった。このままの状態が続くとしたら、日本人の英語力はいつまでたっても向上しないであろう。

では、この問題を我々は今後、どのように解決したら良いか。

英語を教室の外の世界に接続し、生きた言葉として学ぶ空間を作るべきである。つまり、実際に英語が使われている現場で、自らの英語を試す機会をつくるべきである。

たとえば、今はICTの発達により、その日のニュースを即座に英語で読むことができる。また外国に住んでいる人と無料で顔を見ながら会話することもできる。EメールやSNSで他国の学生と議論することも簡単だ。

このように工夫次第で英語を教室の外の世界と接続することは簡単なのである。自らの英語をつかって現実世界でコミュニケートする。これが日本人の英語力を向上させる一番の方法である。

●具体例を挙げて字数を増やした例

以下に挙げる解答例は、82ページで説明した「具体例を詳しく書く」ことによって、字数を増やしたバージョンです。どの部分が膨らんでいるかを確認しながら読んでください。

例題 解答例（一〇〇〇字バージョン）

日本人の英語力が国際的に見て相対的に低いと言われる原因は、中学・高校六年間の英語の授業が、教室内で閉じていることである。

つまり、英語が生活の中でどのように使われているかを感じられないまま授業を受けていることが、日本人の低い英語力の原因なのである。

たとえば、私が受けてきた英語の授業でも、せっかくＡＥＴの先生が来ているのに、教科書の英文を「正しい発音」で読み上げてもらったり、日常生活とはかけ離れた「英語ゲーム」を行ったりするだけであった。**そこで行われる「英会話」は、すでに台詞が決まったつまらないお芝居のようで、ＡＥＴの先生も私たちも、今ひとつ白けた雰囲気であった。**

そして、ＡＥＴの先生が来ないときの授業は、また教科書中心、試験対策中心の授業で、英語を生きた言葉と感じることができないものであった。

もし、日本の学校の英語の授業が、このままの状態で続くとしたら、日本人の英語力はいつまでたっても向上しないであろう。

では、この問題を我々は今後、どのように解決したら良いか。

英語を教室の外の世界に接続し、生きた言葉として学ぶ空間を作るべきである。

つまり、実際に英語が使われている現場で、自らの英語を試す機会をつくるべきである。

たとえば、今はＩＣＴの発達により、**外国語の生の素材に簡単に触れることができる。**

まず「読む」訓練のためには、その日のニュースを、その国のメディアで読むことができる。教科書の英文のような、正しく、整った英文ではないかも知れないが、生の、まさに今の人たちが使っている英語を、今のニュースで読むことができるだろう。

また、「聴く」「話す」訓練として、英語圏に住んでいる人と、テレビ会議システムでやりとりすることが考えられる。たとえば同年代の生徒とやりとりすれば、英会話に興味を持ち、実践的な訓練ができる。

そして、「書く」訓練のためには、EメールやSNSがある。これらのメディアを通じて、お互いが考えてることを英語でやりとりすれば、英作文にも抵抗がなくなるだろう。

このように工夫次第で英語を教室の外の世界と接続することは簡単なのである。自らの英語をつかって現実世界でコミュニケートする。これが日本人の英語力を向上させる一番の方法である。

●長い文章には小見出しを使おう

「小見出し」とは、今まさにあなたが読んだ、文章のまとまりの最初に置かれる小さなタイトルのことです。

「小見出し」は「中見出し」「大見出し」などとセットになって文章を階層構造にし、読者が長い文章を理解するのを助けます。

では、この「小見出し」、何字くらいから使うのが適当でしょう。

「小論文」の答案に関して言えば、経験上一五〇〇文字を越えたら小見出しを使った方がよいと思われます。

ことにビジネス系の文章や、法学・社会学・経済学系など、より「論理的な」文章が求められる学部の場合は、適切に小見出しを使うことで、採点官に自分が物事を構造的に捉えることのできる人間であることをアピールしてください。

4ステップ答案作成法 ④

ステップ4：推敲

小論文を書き上げたら、かならず推敲しましょう。他人の目になって冷静に。


小論文の答案を書き上げたら、最後にあなたがするべきことは、推敲です。

そして、推敲するときは、あたかも他人の文章を読むような気持ちで、自分の文章をつき放して読むようにしましょう。もう一人の自分が冷静に答案をチェックするのです。そうすることで、自分の答案の問題点が見えてきます。

●できるならば時間をおいて推敲しよう

レポート的な小論文の答案など、**提出までに時間が取れる文章は、少なくとも〆切の二日くらい前に書き上げて、できれば一晩おいてから「推敲」しましょう。**

なぜ、一晩おいた方がよいのか。

それは、一晩おくことで、客観的な目で自分の書いた文章を見ることができるようになるからです。

書いている時、とくに「乗って」書いている時というものは、一種の「憑きもの」状態になっています。そのような状態で書き上げた文章は、勢いがあって迫力はあるのですが、どうしても「独りよがり」な表現や、言葉足らずな部分を持っています。

そのような「過熱した」文章も、一晩「頭を冷やして」翌朝「他人の目で」見ることで、より的確に相手に「伝わる」文章になります。

●時間がないときは「音読」で

会場での試験など、**書き上げてから提出までに時間がとれないときは、「音読」をしましょう。**

もちろん、会場で大きな声を出すことはできませんので、音読するつもりで、口を動かして自分の文章をチェックします。

「すらすら声に出して読める」ということは、イコール「読みやすい文章」ということです。逆に、どこかでつかえるようであれば、それはどこかに問題がある文章だと言うことです。句読点や細かい「てにをは」を音読しながら修正すると、読みやすさがぐっとアップします。

●修正は最小限に。ぜったいにふたたびプロットを変更しないこと！

推敲の際、とくに気をつけてもらいたいことは、「修正は最小限にする。」ということです。

だれでも、修正だらけの汚い原稿は読みたくありません。誤字、脱字等、明らかな間違いは消しゴムで丁寧に消して訂正し、あまり長い文章の修正は行わないでください。

まして、推敲段階にいたって、プロットを変えるなどの大きな変更はぜったい禁止です。

もし書き直したくなってもグッとこらえて、細かいミスだけをつぶすつもりで推敲を行いましょう。

ここだけは必ずチェック！　推敲の絶対確認ポイント

推敲のポイント	起こしやすいミス	対策
誤字・脱字はないか	単純な誤字・脱字がある	間違いやすい誤字・脱字 「以外」と「意外」、など。
表現に おかしなものはないか	主述がねじれている	――――
	カッコを閉じ忘れている	――――
	副詞が呼応していない	「まったく～ない」 「まるで～ようだ」 などの対応関係を調べる
	読点が 多すぎる／少なすぎる	読点を入れるなら、主語と述語の間など、文の成分の間に入れる
	読点を一文の中に 多く入れすぎる／ 少なくしすぎる	小さく声に出して読むと、多すぎ／少なすぎがわかりやすい
	文体が統一されていない	常体（「である」「だ」体）か敬体（「です」「ます」体）のどちらかに統一する
	表記上の誤りがある	「ら抜き言葉」など、話し言葉に注意する（できるだけ使わない）
	用字用語の表記が 統一されていない	同じ言葉を漢字で書いたり、ひらがなで書いたりしない
字数制限を守っているか	最低字数を下回っている／ 最高字数を超えている	最低字数は、制限字数の９割程度。制限字数が多い場合は、８～９割程度。
原稿用紙の使い方は 間違っていないか	――――	本書40ページを参照
「わかりやすい文章を書くための十カ条」を守っているか	――――	本書44ページを参照
「小論文これだけはやっちゃだめ！」をやっていないか	――――	本書55ページを参照

4ステップ答案作成法 ⑤

設問応答型の例文

設問の要求に過不足なく答えるのが「設問応答型」の小論文。いろいろな答案を見てみましょう。

いかがでしょうか。ここまでで小論文の答案の作り方は、おわかりいただけましたでしょうか。

今まで取り上げてきた例題は、「論文タイプ」「テーマのみ」の「設問応答型」の問題でした。

次項以降は、「自由記述型」の答案の作成法を説明しますが、その前にあと数題、「設問応答型」の答案を挙げておきます。

「設問の要求に過不足なく応えた」答案がどのようになるか、確認してください。

●作文タイプ・テーマのみ

問

最近五年の間で、チームワークの重要性を感じた経験と、その時に自分の担った役割を述べ、その経験を今後どのように活かしたいと思っているか、具体的に論じなさい。（六〇〇字　六〇分）

答案へのアプローチ

設問の要求は三つです。「最近五年の間で、チームワークの重要性を感じた経験」→「その時に自分の担った役割」→「その経験を今後どのように活かしたいと思っているか」の順番で書きましょう。

解答例

　私が最近五年の間で、チームワークの重要性を感じた経験は、高校三年生の時の部活動で主将を務めたことである。

　私は高校時代サッカー部に所属しており、二年生の冬からは主将を務めた。私は、「強いチーム」作りをめざし、実力第一主義を打ち出して、ついてこられないメンバーには容赦なくやめてもらった。しかし、我々のチームは強くなれなかった。たしかに一人一人の技術は上がっていたのだが、チームとしての連携ができなくなってしまったのだ。

　私は反省し、それ以来チームメンバーとたくさん話をし、コミュニケーションを取るようにした。すると不思議なことに、試合でも勝てるようになったのである。

　結局、私がこの時果たした役割は、チームメンバー間の調整役であった。なにかあれば一人一人の思いをくみ上げ、それを他のメンバーと共有し、意見の対立があればじっくりそれを調整した。そして私はこの経験から、皆が一致団結することでチームワークを発揮する方法を学んだのである。

　私は今後、この経験から学んだチームワークを救急の現場で存分に発揮するつもりである。たとえば必ずチームとして自分に求められている役割を考え、決して独断専行にならずに先輩や同僚と協調して行動する。そして一人でも多くの人の命を救えるよう、全力で職務に取り組み、市民の安全・安心な暮らしに寄与する所存である。

●論文タイプ・テーマのみ

問
　ツイッターやフェイスブック、ラインなど、各種ソーシャルメディアに関してあなたやあなたの身の周りで見聞きしたことをもとに、今後、我々はどのようにこれらのメディアとつきあっていくべきかを論じなさい。（六〇〇字　六〇分）

答案作成へのアプローチ

前半に「ソーシャルメディアに関してあなたやあなたの身の周りで見聞きしたこと」を書き、後半に「今後、我々はどのようにこれらのメディアとつきあっていくべきか」を書きます。

ポイントは、「あなたやあなたの身の周りで見聞きしたこと」を書くこと。また、ソーシャルメディアとの付き合い方を、なるべく具体的に論ずることです。

●プロット

先日、私の友人のツイッターアカウントがいわゆる「炎上」をした。

↓

アイドルをからかう↓炎上

アカウント削除

↓

では、彼女の失敗を踏まえて考えた場合、今後我々はどのようにソーシャルメディアとつきあっていくべきか。

今後我々は、ソーシャルメディア上でも現実社会での人付き合いと同じように、相手を尊重しながらつきあうべきである。

↓

感情を出しすぎない

節度を保って交流する

↓

実りある交流ができるようになるはず。

解答例

先日、私の友人のツイッターアカウントがいわゆる「炎上」をした。彼女は自分の気の合う友達に向けて、あるアイドルグループのことをからかう内容の投稿をしたのだが、それがそのグループのファンの目にとまり、そこから一気に拡散してしまったのだ。

自分をフォローしている人も少なく、普段見るタイムライン上にも友達の顔しか出てこなかったために、つい普段の会話のつもりで投稿してしまったのだ。彼女は深く傷つき、アカウントを削除して、もうソーシャルメディアはこりごりだと言っていた。

では、彼女の失敗を踏まえて考えた場合、今後我々はどのようにソーシャルメディアとつきあっていくべきか
今後我々は、ソーシャルメディア上でも現実社会での人付き合いと同じように、相手を尊重しながらつきあうべきである。

たとえば大人であれば、どんなに嫌なことや腹が立つことがあっても、公衆の面前で汚い言葉を使って相手をののしったりしないものである。また、愚痴や自らの心情も、見ず知らずの人に対していきなりこぼしたりはしないものだ。

ソーシャルメディアも同じである。その投稿を読んで気分を害する人がいると容易に予想できるのであれば、そのような投稿は絶対にしない。節度を保って相手と交流する。そうすればお互いが気持ちよく利用でき、実りある交流ができるようになるはずである。

●論文タイプ・資料文付き

問
以下の文章を読み、筆者の「では、どうしたら人生は長くなるのか」という問いにあなたはどう答えますか。またそのためにこれから何をしようと思いますか。具体的に書きなさい。（六〇〇字六〇分）

人生は短いのではない。我々がそれを短くしているのだ　セネカ

セカネが生きた古代ローマ時代と比べ、人間の寿命は、驚くほど長くなった。いや、そんな遥かな昔とくらべなくても、この半世紀のあいだに、日本人の人生は、なんと一・五倍にまでなったのである。（中略）

数十年前まで、人生は五十年だった。江戸時代なら、四十を過ぎれば、男は翁、女は嫗である。明治になっても、それほど変わらない。人生五十年と言いながらも、多くの人が、その〝天寿〟をまっとうせずに死んでいった。石川啄木は二十六歳、樋口一葉にいたっては、なんと二十四歳で世を去っている。いまの時代でいうなら、大学を出て二、三年という年ごろである。

では、彼らの人生は短かったのだろうか。たしかに、物理的には、短いと言えよう。が、精神的には？　啄木も、一葉も、充分に人生を生き抜いた、と見ていいのではあるまいか。彼らの遺した作品が、それを雄弁に物語っている。人生とは、物理的な長さではない。精神的な密度なのである。（中略）

人生が長いか、短いか、は、その人自身の満足度にかかっている。

では、どうしたら人生は長くなるのか。（後略）

森本哲郎著「この言葉！」生き方を考える五十話、ＰＨＰ新書

解答例

人生を長くするには、自分自身の使命を持つべきである。

筆者は、啄木や一葉を例に出し、「人生とは、物理的な長さではない。精神的な密度なのである」という。そして、精神的な密度を高めるのは、自分の過ごした時間を充実したものとして感じなければならない。そして人が最も充実するの

設問応答型の例文

は、自分のやっていることに意味があると思うことができ、それが周囲から評価されていると感じられる時であろう。

そういった意味で、いわゆる「好きなこと」をやるだけでは、人生の充実感は得られない。自分しかできないことであり、それにより周りが幸せになると確信できる「使命」を持たなければ、人間は本当の意味で充実した時間を過ごすことはできないのだ。

ではそれを踏まえ、私はこれから何をするつもりか。

私は、数少ない美術系大学出身の公務員として、デザインなど美的側面から○○市の魅力を再発見し、それを世界に発信していくつもりである。

デザインの力は非常にパワフルで、優れたデザインは国境を軽々と越えるものである。○○市は自然が豊かな歴史ある都市であり、町中至る所にデザイン性に富んだ美しいものが存在する。それらを丁寧にすくい上げ、世界に発信すること。これが私の使命であり、私の人生を長くしてくれるものであると、私は確信している。

4ステップ答案作成法 ⑥

自由記述型の答案作成法

「起承転結」「序論・本論・結論」は、は百害あって一利なし。本当に使える「型」を学ぼう。

さて、ここから先は、設問が細かい指定をなにもしてこない「自由記述型」小論文の書き方の説明です。たとえば「安心安全なまちづくり」「グローバル人材の育成について」「資料文の主張に対して自由に意見を述べよ」といった設問がそれに該当します。

「自由記述なんだから、自由に書けばいいんじゃないの？」と思うかも知れません。**また、それでも大丈夫ではあるのですが、じつは自由に書いても良いというのは、じつに「不自由」なものなのです。**「何を」「どう書くか」あまりに多くの選択肢を前にして、多くの人が、ここで途方に暮れてしまいます。

そんな時に活躍するのが、いわゆる小論文の「型」というものです。

有名どころは「起承転結」や「序論・本論。結論」でしょう。しかし、**これら伝統的な型は、「百害あって一利なし」です。**

●「起承転結」は、百害あって一利なし

なぜ、「起承転結」や「序論・本論・結論」といった伝統的な型が「百害あって一利なし」なのでしょう。

「起承転結」は、もとは漢詩のレトリックです。有名なのは次の一節。

京都三条糸屋の娘（起）
姉は十六妹は十四（承）
諸国大名は弓矢で殺す（転）
糸屋の娘は眼で殺す（結）

「転」と「結」が決まると非常に鮮やかなため、さまざまな文章読本や参考書でもてはやされています。

しかしこの「起承転結」の型。「起」「承」「転」「結」それぞれのパートで「何を書くべきか」がはっきりしておらず、特に話題を変える「転」の部分でみな無理をするため、ここで多くの人が書けなくなっています。（ちなみに、「起承転結のしっかりした文章を書け」や「起承転結の通った文なら問題ない」という場合の「起承転結」は、「首尾一貫した」とか「筋の通った」という意味です。惑わされないようにしてください）

話は、「序論・本論・結論」も同じです。

こちらもそれぞれのパートで「何を書くべきか」がはっきりしておらず、単に文章が三分割されているだけといった意味のない呪文になっています。（ちなみにこちらは、英語の論文の、Introduction, Body, Conclusionの「誤訳」です。意味的には「結論、論証、発展考察」が近いでしょう）

では、どうしたらよいか？

答えは簡単です。次ページ以降で説明する「本当に使える三つの型」をマスターし、小論文の形式や内容に合わせてそれらの型を使いこなせるようにしましょう。

これらの型をマスターすることで、ムリのない答案が、素早く書けるようになります。

4ステップ答案作成法 ⑥

本当に使える小論文の型その1「引用」「判断」「根拠」「提案」

いわゆる「論文」の基礎となる型。この型が使えるようになれば説得力のある論文が書ける。

構成も内容もおまかせの、「自由記述」型小論文が出題されたときに、本当に使える三つの型。

一つめは、**「引用」「判断」「根拠」「提案」**です。

この型は、「資料付き」でも「テーマのみ」でも、「論文タイプ」の問題であれば、絶大な効果を発揮します。

そして、この「型」のことを、私はひそかに「口げんか必勝法」と呼んでいます。なぜならこの型は、口げんかで勝つための手順そのものだからです。

●「引用」で言質(げんち)を取る

口げんかでもっとも避けるべき展開。それは「言った」「言わない」の「水掛け論」になることです。

だからこそ、最初に「おまえたしかに○○って言ったよな」と「言質(げんち)」をとる必要があります。

この「言質」にあたるのが、論を展開する元となる文章や、すでに社会的に認められている事実や意見(=社会的文脈)の「引用」です。

「資料付き」の問題で、資料文が与えられている場合は、文章の中から論点となる部分をそのまま切り取って、かっこ（「　」）でくくって、そのまま引用してください。（119ページ参照）

おなじく「資料付き」の問題で、図表やグラフが与えられている場合は、それら資料から読み取れることを「これらの図表から読み取れることは……」という形でまとめて、書きましょう。

そして、資料が与えられていない「テーマのみ」小論文の場合は、そのテーマに関して、広く社会で知られている事実や、代表的な意見を書いてください。

こうすることで、そこから先に展開する自分の意見の「土台」を作るのです。

●引用部分に対する「判断」を下す。

こうして相手が逃げられないようにしてから、次はおもむろに「でも、それって××じゃね？」と自分の意見をぶつけます。つまり、自分の「判断」を相手に宣言するわけです。

一番シンプルな「判断」は、引用部分に対して「賛成」あるいは「反対」というものでしょう。ただし、「判断」は、それだけではありません。

たとえば、以下のような「与えられた意見」に対して、あなたはどのように「判断」を下しますか？

「引用」された意見
「健全な精神は、健全な肉体に宿る」と言われている。

この意見に対して下せる「判断」は、たくさんあります。たとえば、少し考えただけでも、以下のようなパターンが考えられます。

パターン1：「全肯定」

(1)「その通りである。健全な肉体がなければ、考え方も病的になってしまうものだ。」

パターン2：「全否定」

(2)「全面的に反対である。肉体の状態と精神の状態に関係はない。」

パターン3：「部分否定」

(3)「たしかに、健康な肉体がなければ、元気にあふれた精神状態にはならない場合が多いだろう。しかし、健康な肉体が失われているからこそ到達できる精神の状態もあるはずだ」

パターン4：「前提否定」

(4)「この意見が正しいかどうか判断することは不可能である。なぜならそもそも「健全」とはなにかが、はっきりしないからだ」

どうでしょう？　あなたは他にどのような「判断」を思いつきましたか？

なるべく頭を柔軟にしていろいろな「判断」が下せるようになりましょう。

●なぜそう判断したのか、「根拠」を挙げる

自分の判断をはっきり提示したら、その「根拠」を挙げます。

口げんかであれば「だって△△だし、おまえの言っていることは●●でおかしいよ」という形で、自分がなぜ正しくて、相手がどうして間違っているのか、具体的な証拠を挙げるのです。

「根拠」は、自分の「判断」が正しいことを読者に分からせる重要な部分です。

ここがしっかりしていないと読者は納得してくれません。**説得力は「判断」と「根拠」の結びつきの強さです。**

そして、「根拠」の種類は以下の二つです。

「反例」……相手の意見が間違っていることが分かる事実・推論
「証例」……自分の意見が正しいことことが分かる事実・推論

例を挙げましょう。

「引用」された意見
「健全な精神は、健全な肉体に宿る」と言われている。
「判断（自分の意見）」
全面的に反対である。肉体の状態と精神の状態に関係はない。

「根拠①（反例）」
たとえば、肉体的には健康であるはずのアスリートが、不正行為や犯罪行為を行う例はよくある話である。
「根拠②（証例）」
一方、難病に冒されて肉体的には不健康であっても、科学や芸術の領域で、素晴らしい成果を上げる人もいる。

この例から分かるように、自分の意見が正しいことを証明するためには、「相手が間違っている証拠」を挙げるか、だれもが認めざるを得ない「自分が正しい証拠」を挙げる必要があります。

もちろん、どちらかだけでなく、両方使ってもらってもかまいません。さらに、自分の経験を社会的事実の一例として使うのも有効です。

●「まとめ」or「提案」で答案を締めくくる

さて、相手が納得せざるを得ない根拠を挙げたら、口げんかの最後は、「だから××なんだよ」

と、もう一度自分の判断の正しさを相手に念押しして「まとめ」るか、「だからさ、こうしない?」と相手に「提案」をしましょう。

特に、引用した意見を全面的に否定した場合は、できるだけ「提案」をして答案を締めくくるようにしましょう。

日常生活においては、批判だけして対案を示さない「評論家」は嫌われます。

小論文試験も同じです。ただ相手の意見を否定して終わるのではなく、できるだけ前向きに答案を締めくくるためにも、「提案」を書いて終わるようにしましょう。

●いわゆる「問題提起」について

論文の書き方本や、思考法の本を読むと「問題提起が大事」「問題提起が一番難しい」という記述をよく見かけます。

これは、半分正しく、半分間違いです。

なぜならそれは、**試験系の論文作成では設問の中に「問題提起」が含まれていることが多く、その場合は「問題提起」をこちらで考えてはいけないからです。**

たとえば、「高齢出産の際は、出生前診断を義務づけるべきか。あなたの考えを述べよ」と設問にあれば、「問題提起」は、そのまま「高齢出産の際は、出生前診断を義務づけるべきか」にしなければなりません。

しかし、このように「問題提起」があらかじめ与えられていない設問の場合は、自分自身で「問題提起」を行う必要があります。そしてこれはたしかに「大事」であり「難しい」ものです。

では、どうしたらよいか。

このような場合は、最初からあせって「問題提起」をしようとせず、まずはじっくりとそのテーマについて考えましょう。

じつは、「問題」というのは、思考の結果として「見えてくる」ものなのです。最初から「問題」が言葉の形ではっきりしていることは、あまりない。だからこそ、最初はそのテーマについていろいろと考え、**結論を見つけてからそれに合うように「問題提起」を設定しましょう。**

たとえば、「出生前診断は行うべきでない」という結論を決めてから、「出生前診断は行うべきか？」と問題提起しましょう。あるいは「運用基準を厳密に決めて実施すべきである」という結論を決めてから「出生前診断はどのように実施すべきか？」と「問題提起」するのです。

「問題提起」は急がない。思考の結果として「問題提起」を設定する。そう覚えておきましょう。

～参考例文～

■「死の教育」（資料付き）

例題：次頁の文章は、医療関係者からのひとつの発言です。これを読んで「死の教育」についてあなたの考えを論述しなさい。（八〇〇字）

現代は死を否定した時代だといわれる。強さと生産性に価値を置き、人々はあたかも永遠に生き続けるとでもいうように、死を思うことを避けて毎日を過ごしている。しかし、死は確実に訪れる。死は不可避であり、厳粛な事実である。ところが死という現実を、家族内での出来事として経験したことのない若者が増えている。核家族化と、病院での死の増加がその理由だ。若い医師や看護婦の中にも、身内の死を経験したことのない者が多い。初めて遭遇する死が、受け持ち患者の死であるわけだ。

我々が日常接する死は劇化され、着色された死である。その典型例がテレビの画面に現れる死だ。アニメやドラマの中で人はいとも簡単に死ぬ。ある心理学者が、夕方以降のテレビ番組を一

週間調査したら死者が五百五十七人も出た、と報告していた。劇化された死には、現実の死が持つ厳しさや重さがない。（中略）

数年前、娘が小学校の低学年だったとき、いっしょにテレビを見ていた。ある女優が扮する人妻が病死をして、その番組は終わった。娘がチャンネルを替えると、同じ女優が別のドラマに出ていた。娘は、「あのおばちゃん、生き返ったの？」と私に尋ねた。私はドラマの成り立ちを説明し、娘に理解させるのに苦労したことを覚えている。現実の死と劇化された死の重さの相違である。

現代社会では、死を自然に体験し、みずから学習していくことが困難になってきている。死は教育されるべきものなのである。欧米諸国では、「死」が学校の教育プログラムの中に組み込まれている。そして「死の教育」（Death Education）という専門雑誌が定期的に刊行されている。（中略）

先日、子どもたちと見ていたテレビ番組で、まだ小さい二人の子どもを残して両親が事故で死亡する場面があった。私はその直後の夕食の時に、「もしお父さんとお母さんが同時に事故で死んだらどうするか」を、三人の子どもたちに尋ねてみた。はっきりとした答えは返ってこなかった。しかし、子どもたちはもしそうなったらどうしようかということを真剣に考えたようだった。

死の教育は家庭でも、学校でも、もっと真剣に取りくまれるべき重要な問題である。

（柏木哲夫『生と死を支える』より）〈九十分〉

（長崎大・教育学部・幼稚園・小学・養護）

解答例　※赤字部分は実際は書かれません

（資料文の引用）

筆者はいう。「死の教育は家庭でも、学校でも、もっと真剣に取りくまれるべき重要な問題である」

4ステップ答案作成法 ⑥
本当に使える小論文の型その1 「引用」「判断」「根拠」「提案」

（問題提起＋判断）

　はたして筆者のこの主張は妥当なものであろうか。

　たしかに「死の教育」は本来は家庭でも学校でも行われるべきものであろう。しかし、現在の学校教育では行われるべきものではない。

（根拠）

　なぜなら現在の学校教育で「死の教育」が行われた場合、筆者の主張する「現実の死が持つ厳しさや重さ」を生徒に教えることはできないからだ。

　もし、今の学校で「死の教育」の時間が設けられたとすればどうなるであろうか。「道徳」の授業の例を挙げるまでもなく、そこには本と新聞記事の切り抜き、「死の教育」用のテレビ番組と、筆者のいう「劇化され、着色された死」が勢揃いするであろう。これでは「現実の死が持つ厳しさや重さ」を生徒に教えることはできない。


　また、学校教育である特定の死生観を植え付けるのは危険である。戦前の学校では「お国のためにはよろこんで死ななければならない」という「死生観」が肯定され、それ以外の考え方は否定された。その結果、先の大戦で多くの悲劇が引き起こされた。

　これは極端な失敗例である。しかし、どのような「死生観」にせよ、学校教育で、ある特定の「死生観」を生徒に押しつけることは、非常に有害である。

（提案）

　では、どのような形であれば学校で「死の教育」を行うことができるであろうか。そのためには死を言葉で「教える」のではなく、なるべく現実に近い形で「感じさせる」教育を行うべきであろう。

　クラスで動物を飼い、その動物が死んだらみんなで弔うのも一つの方法である。また高学年になったら、生きている動物を自分たちで殺して調理して食べる経験をするのもいいだろう。死を「感じる」ことで、一人一人が「死」と「生」について考えるのが一番であろう。

■「いじめ」問題（テーマのみ）

例題：「いじめ」問題について自由に論じなさい（六〇〇字）

解答例　※赤字部分は実際は書かれません

（引用）

基本的人権を大きく損なう行為にもかかわらず、日本社会のあらゆる場所で「いじめ問題」は今も頻繁に発生している。子どもによる学校内のいじめだけでなく、大人による会社やさまざまな組織内でのいじめも深刻だ。

（問題提起＋判断）

では、なぜ人は「いじめ」「いじめられ」の関係に巻き込まれてしまうのか。

私個人の経験をもとに言えば、それは集団の中で自分の居場所を確保したいという欲求が人間にあるからだ。

（根拠）

私が中学生の時、クラスでひどいいじめが発生した。特定の生徒を「しかと（無視）」し、あたかも存在しないかのように扱うのだ。しかも、いじめられる対象はコロコロと変わった。我々は生きた心地がしなかった。

今考えると、いじめる方も不安だったのだと思う。いじめなければ自分がいじめられる。そんな切羽詰まった雰囲気だった。

その後、当時の学年の先生たちがチームを組み、一人一人と丁寧に面談することで事態は収束に向かった。一人一人の存在がきちんと認められることで、我々は安心し、いじめの関係から解放されたのだ。

4ステップ答案作成法 ⑥
本当に使える小論文の型その1 「引用」「判断」「根拠」「提案」

（提案）

いじめを解消するための一つの鍵は、「居場所」の確保である。もちろんそれですべてが解決するわけではないが、組織を司るものは、教室であれ会社であれ、そこで活動する人に「居場所」を与えることを意識すべきである。そしてそれが、いじめ撲滅への第一歩なのである。

図解「引用」「判断」「根拠」「提案」

❶ 引用 →
※「資料つき」小論文の場合、資料文の引用or図表の読み取り結果
※「テーマのみ」小論文の場合、社会的文脈の引用

❷ 判断 →
※①の「引用」部分に対して自分がどのように思うか「判断」を述べる
※必要があれば「問題提起」をする

❸ 根拠 →
※なぜ②の「判断」をしたのかその「根拠」を述べる
※「根拠」は客観的事実を挙げる
※社会的事実としての「自分の経験」も可

❹ 提案 →
※①～③を踏まえて今後に向けた「提案」を述べる
※すでに②が「提案」で③で具体的な説明がされていれば省略可

使える!
○資料文付き小論文（800～1200文字）
○図表付き小論文（800～1200文字）
○問題提起がされていないテーマのみの小論文

4ステップ答案作成法 ⑥

本当に使える小論文の型その2「応答」「根拠」「提案・抱負」

聞かれたことに端的に応答しよう。作文タイプなら、これ一択。

構成も内容もおまかせの、「自由記述」型小論文が出題されたときに、本当に使える三つの型。

二つ目は、**「応答」「根拠」「提案・抱負」**です。

時代はスピードが要求される高度情報化社会。

まずは、設問の要求に端的に「応答」し、それから応答の「根拠」を挙げます。そして、それらをふまえて、今後にむけた「提案」や「抱負」を述べて答案を締めくくります。

この型は、「作文タイプ」の問題のほとんどと、設問がそのまま問題提起になっている（＝書くことが明確に指定されている）「論文タイプ」の問題に使えます。まさにスピード時代にフィットした、非常にシンプル、かつパワフルな型なのです。

●まずは端的に「応答」しよう。

与えられた問題が、「作文タイプ」であったり、設問がそのまま問題提起になっている「論文タイプ」の問題だったら、まずはそれらの要求に対して、**言いたいことを簡潔に「応答」しましょう。**つまり、「結論を最初に書く」のです。

たとえば、設問が「将来の夢」であれば、冒頭の一文で「私の将来の夢は○○です」と宣言してしまいましょう。

同様に「当社の可能性は何か」という設問であれば、「今後の当社の可能性として最初に挙げるべきは、××である」とでも応えましょう。

このように文章の冒頭でテーマに端的に応えてしまうことで、読者に（そして自分にも）一番伝えたいことが明確に伝わります。

●つぎに「応答」の「根拠」を挙げよう。

その後は、**どうしてそのような「応答」になったのか、「根拠」を挙げます。**

作文タイプの問題であれば、多くの場合、「根拠」となるのは、自身の過去の経験談が来ます。

論文タイプであれば、その「応答」を支える社会的な事実が語られるでしょう。

たとえば、前述の「将来の夢」であれば、「私の将来の夢は○○です」の「○○」を、自身の夢としたきっかけとなる経験談を書きましょう。

同様に「当社の可能性は何か」であれば、「今後の当社の可能性として最初に挙げるべきは、××である」と判断するに値する事実（外部環境の変化、組織内部の状態など）を挙げて、たしかに「××」が当社の可能性であると、読者を納得させてください。

●今後の「提案」あるいは「抱負」を書こう

「応答」「根拠」ときたら、**最後に未来に向けての「提案」、あるいは自らの「抱負」を語って答案を締めくくりましょう。**

たとえば、前述の「将来の夢」であれば、「私の将来の夢は○○です」の「○○」を、どのようにかなえていくか、具体的な計画を書きます。

同様に「当社の可能性は何か」であれば、まさに当社の可能性をどのように広げていくべきか、具体的な手順を書くことで、読者にたしかにその通りだと思ってもらいましょう。

それでは以下に、作文、論文それぞれのタイプでこの「型」を適用した例を挙げておきます。ぜひ、参考にしてください。

■「将来の夢」（作文タイプ）

※赤字部分は実際には書かれません

（応答）

生徒の話をとことん聞ける教師になりたい。これが私の将来の夢である。

（根拠）

中学二年の時、私は軽い不登校になった。学校には何とか行けるのだが、教室に行けない。このとき私を受け入れてくれたのは学校の保健の先生だった。その先生は私の「教室へ行きたくない」という気持ちを認めてくれ、ひたすら私の話を聞いてくれたのである。高校二年で進路を決めるとき、ふと思い出したのがその先生のことであった。そして、私は生徒の話をよく聞くことのできる教師になろうと思ったのである。

（抱負）

将来の夢の実現ために、私は大学でカウンセリングとコーチングの技法を学びたい。カウンセリングは、心の問題を抱えた児童・生徒のために、そしてコーチングは将来の進路や勉強の方法に悩む児童・生徒のために役立つだろう。

また、生徒との信頼関係はテクニックだけでは築けない。自身の人間としての幅を広げるために、さまざまなことに挑戦したい。まず機会を見つけて世界中を旅してみたい。特に教育先進国である北欧は必ず訪れたい。また不登校児の支援ボランティアにも参加し、「現場」での経験を積んでいきたい。そして中学の時にお世話になった、あの保健の先生に少しでも近づきたいと思う。

生徒の話をとことん聞くのは大変なことだろう。しかし、いつの日か、この夢を実現したい。

■「当社の可能性は何か」(論文タイプ)

※赤字部分は実際には書かれません

(応答)

今後の当社の可能性として最初に挙げるべきは、「ITで地域を支える企業になる」ことである。

(根拠)

当社はこの○○地方、△△の地で、前身会社の頃から六〇年以上の歴史を持っている。地域に根差したこのキャリアは、これから来るであろう地方主権の時代の中で、当社の大きな強みである。

そして、今後の当社は、特に地域の介護・医療分野のビジネスにおいて、大きな可能性を秘めているといえる。

介護・医療の分野においても、当社はこれまでもシステム構築や運用の領域で実績を積んできた。また今後は、国の医療費削減の方針に従って、電子カルテや病院同士の情報共有システムの導入、遠隔地治療の技術確立などが急務になると予想される。このような外部環境の変化に適応することで、当社はまだまだ発展することができるはずである。

(提案)

○○地方には医療過疎地がある一方で、△△市のような医療施設の充実している地域もある。当社がこういった事業にもっと積極的に参加し、当社の強みであるクラウド技術を駆使して実績を積むことができれば、○○地域を介護・医療の面から支えることができる。

たとえば、現在各病院ごとに保管されているデータをクラウド上で連携させ、個人情報に配慮した形ですべての病院で共有できるシステムを提供する。そうすれば、医療機関同士での情報のやりとりが効率化され、患者や医療機関の利便性が向上し、医療費の削減が期待できる。

そして○○地域で蓄積したそのノウハウを全国

的に展開すれば、それは将来の当社に大きな利益をもたらすはずである。

以上のような地域に根差した企業活動を行い、顧客からの信頼を得て、地域の発展に貢献していくことが当社の存在価値であり、今後の当社の大きな可能性である。

図解「応答」「根拠」「提案・抱負」

❶ 応答
※設問の要求に端的に「応答」する
※伝えるべきことを最初に提示する

←

❷ 根拠
※なぜ①のようにな「応答」になるのか「提案」を挙げる
※作文タイプの小論文の場合は「過去の経験談」を書くことが多い
※論文タイプの小論文の場合は「具体的な事実」を書く

←

❸ 提案・抱負
※作文タイプの小論文の場合は「未来への抱負」を書く
※論文タイプの小論文の場合は「これから我々はどうするべきか」という「提案」を書く

←

使える!
○比較的短めの小論文（600～800文字）
○テーマが明確な作文タイプの小論文
○問題提起が既に与えられている論文タイプの小論文

4ステップ答案作成法
⑥

本当に使える小論文の型その3「報告」「分析」「提案」

ビジネス系だけでなく、少し長めの学術系小論文にも使える型。

構成も内容もおまかせの、「自由記述」型小論文が出題されたときに、本当に使える三つの型。最後に登場するのが、ビジネス系の小論文を書くときに活躍する**「報告」「分析」「提案」**です。

ビジネス系の文書は、大雑把に部類すると、結局以下の三種類になります。

「報告」の文章……現状はどうなっているのか?
「分析」の文章……現状はなぜそうなのか?
「提案」の文章……現状をどう変えたらよいか?

そして、これら三種類の文章をミックスして書くのがビジネス系の小論文なのです。

●「報告」「分析」「提案」のコンビネーション

まずは、「報告」の文章。これは事実をシンプルに伝えようとする文章です。

たとえば「わが社の売り上げは前年比一二五%となった」といった事実を伝える文章です。

ここでのポイントは、ここから先の「分析」「提案」が説得力をもって読者に伝わるよう、必要十分な量の情報を提供しておくことです。

つぎに、「分析」の文章。これは**現状の背後に**

ある因果関係を明らかにしようとする文章です。

たとえば「わが社の売り上げ増は、昨年度導入した新しいＥＣサイトの好調が原因である」といった文章です。

数ある相関関係の中から因果関係を見つけ出し、目に見えることの背後にある関係性を言葉にします。

そして最後に、「提案」の文章。これは、**「報告」と「分析」の上で、現状をどう変えたらよいかを提案する文章です。**

たとえば「今後は、同じコンセプトのＥＣサイトを他のブランドでも展開すべきである」といった文章となります。

重要なのは、心構えや抽象論で終わるのではなく、具体的な手順が分かる、「システム」を提案することです。

●要求にあわせてミックスして使おう

そして**これら三種類の文章は、実際は要求にあわせてミックスして使われます。**

たとえば「報告書」であっても、最後の部分には「考察」という名で「分析」と「提案」を書くことが多いでしょう。

また、「提案書」であっても、「提案」に説得力を持たせるために、前提として正確な「報告」と「分析」が求められます。

ポイントは、そのときに一番あった「配合比率」を考えることです。

●長めの学術系小論文や思考の型としても

もちろん、この型はビジネス文書以外にも使えます。少し長めの学術系の小論文などは、この「報告」「分析」「提案」の型と、小見出しを併用することで分かりやすく主張を伝えることができます。

さらにこの型は、そのまま「思考の型」としても使えます。あるテーマに関して考察を求められたら、この順番で思考しましょう。まとまりのある実効性の高い考察ができるようになります。

■参考例：「今期の振り返りから来期の活動方針の提案まで」

求められていることにより「報告」「分析」「提案」の三つの要素のバランスがどう変わっているかを参考にしてください。（※解答例中の赤字は実際には書かれません）

●「今期売上報告」（「報告」中心）

（報告）

別添の表のように今期、わが社の売り上げは前年比一二五％となった。

しかし、既存店レベルでの売り上げだけを見ると、▲一二％であり、売り上げの総額は◎億円である。

また、新規出店店舗の売り上げも、全体では●億円と比較的好調に見えるが、赤字店舗と黒字店舗の差が大きく、昨年度比▲三％である。

その一方で、昨年六月から導入した○○ブランドのECサイトは好調であった。

立ち上げ当初は、オペレーションミスや、思ったようにアクセスが伸びないなどの問題を抱えた○○ブランドのECサイトであるが、その後さまざまなてこ入れをすることで大きく売り上げを伸ばし、最終的には△億円を売り上げた。

（考察＝分析＋提案）

結論を言うと、今期のわが社の売り上げ増は、昨年度導入した新しいECサイトの好調によるものである。今後は、同じコンセプトのECサイトを他のブランドでも展開すべきであろう。

●「今期売上分析」(「分析」中心)

(報告)

わが社の売り上げは前年比一二五%となった。しかし、既存店・新規店舗の売り上げは、ともにマイナスである。

(分析)

今期のわが社の売り上げ増は、ひとえに昨年度導入した新しいＥＣサイトの好調によるものである。

立ち上げ当初は、オペレーションミスや、思ったようにアクセスが伸びないなどの問題を抱えた○○ブランドのＥＣサイトであるが、その後さまざまなてこ入れをすることで大きく売り上げを伸ばし、最終的には△億円を売り上げた。

特に効果的だったのは、サードパーティのアカウントを利用した簡単ログインと、ＳＮＳ対応を強化した広報活動であった。ことにＳＮＳ対応では、ターゲット層にもっと活用されているＬＩＮＥでの対応に注力したことが、売り上げ増に直結している。

(提案)

今後は、同じコンセプトのＥＣサイトを他のブランドでも展開すべきである。ことに○○ブランドと同じセグメントをターゲットとする■■ブランドは、早急にＥＣサイトを立ち上げるべきである。

●「来期営業方針提案書」(「提案」中心)

(状況説明=報告+分析)

今期わが社の売り上げは前年比一二五%となった。この売り上げ増は、ひとえに昨年度導入した○○ブランドの新しいＥＣサイトの好調によるものである。

(提案)

今後は、同じコンセプトのＥＣサイトを他のブランドでも展開すべきである。ことに○○ブランドと同じセグメントをターゲットとする■■ブランドは、早急にＥＣサイトを立ち上げるべきである。

その際は、以下の三点を行うことを提案する。

①○○ブランドと姉妹サイトであることが一目で分かるデザインとする

②「簡単ログイン」を一回行えば、双方のサイトでショッピングできるようにする。

③無料のＬＩＮＥスタンプをそれぞれのサイトで発行し、コンプリートすることでプレゼントがもらえるキャンペーンなどを実施する。

ポイントは、○○ブランドと■■ブランドを「シームレス」に繋ぐこと。そして、ＬＩＮＥを中心とした「楽しいＳＮＳ体験」を提供することである。

図解「報告」「分析」「提案・抱負」

❶ 報告

※「現状はどう悪いか」

※現実の問題点を「事実」を書くことで報告する

❷ 分析

※「現状はなぜ悪いか」

※①の問題点がなぜ発生するのか原因や構造を「推測」する

❸ 提案・抱負

※「現状をどう変えるか」

※①②を踏まえて今後どうするべきか「提案」する

※心構えではなく「システム」を提案する

使える!

○比較的長めの小論文（1200〜3000文字）

○論点が複数あり、構造が複雑な小論文

○ビジネス文書や大学のレポートなどにも

小論文答案作成フローチャート

※答案作成の方針を以下のフローチャートを使って決定しましょう

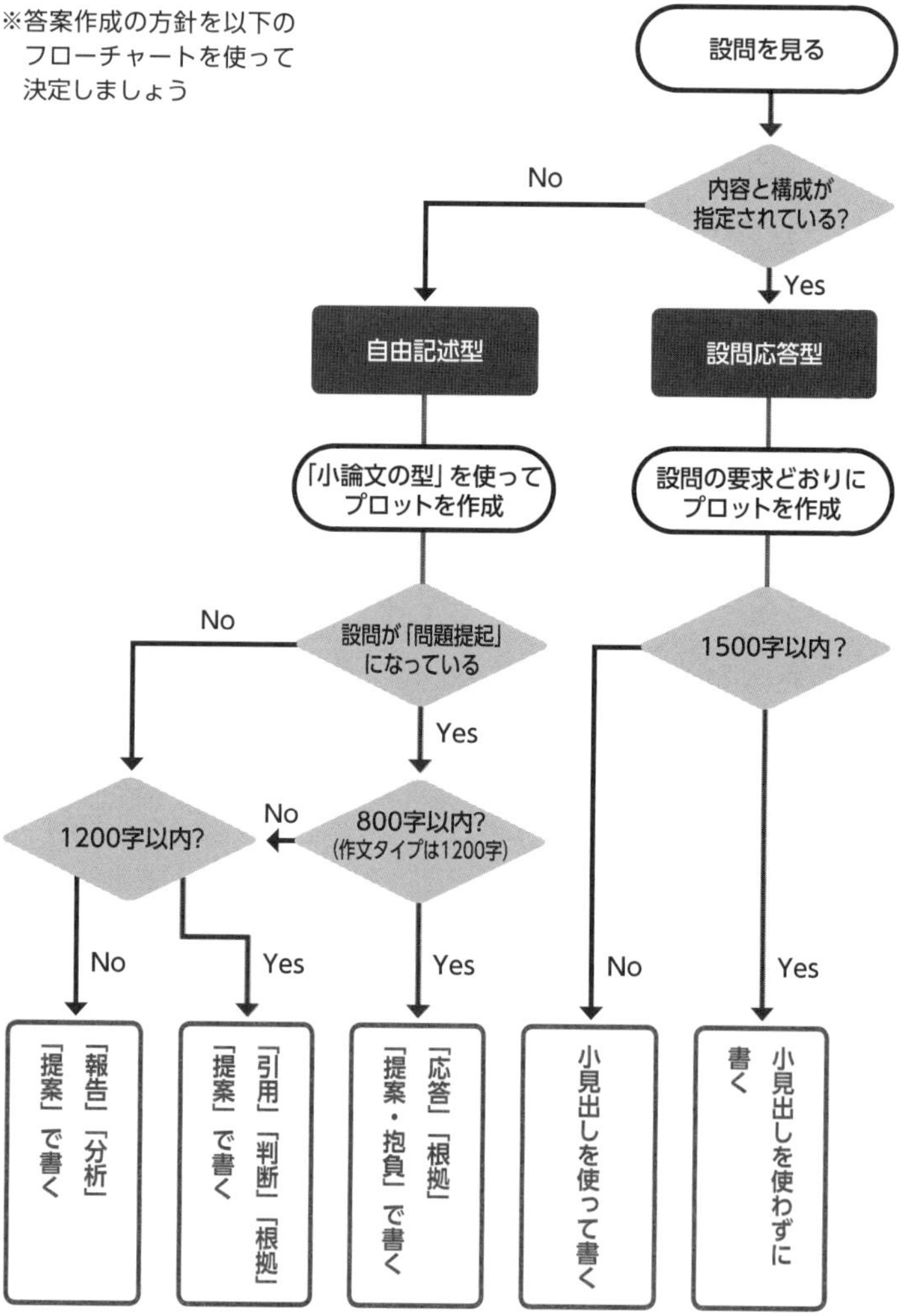

論文タイプ小論文のツボ

論文タイプ小論文の4つのツボ

社会を語る「論文タイプ」小論文。ツボを押さえて、論理的・客観的な自分をアピールしよう。

「論文タイプ」の小論文には、覚えておくべきポイントがいくつかあります。

知っているか、知らないかで大きく差がつきますので、ぜひ以下の4つのポイントを押さえて、他の人とは一線を画す答案を作成しましょう。

●ツボその① 効果的な「引用」の仕方

「引用」は、すべての「論（意見）」の「土台」となる大事な部分です。この上に、自分の「判断」や「根拠」が積み上がりますので、安易に要約に走らずに、しっかりと「引用」を行いましょう。資料文の問題となる部分を「　」でくくってそのまま切り取ります。

もし、引用したい文章が長すぎる場合は、「（略）」を使って、短く表現しましょう。

該当する部分より前を略すときには「（前略）」、途中を略すときには「（中略）」、それ以降を略すときには「（後略）」を用います。

例を挙げます。

「最近の新聞報道からも明らかなように、A国とB国の関係は悪化の一途をたどっている。最近ではB国内のA国軍の軍事基地の拡張についてB国が反対の意を表している。しかし、関係悪化の本質は別の部分にある。それは貿易摩擦であり、A国のB国市場への輸出超過はB国経済を悪化させ、B国政府にとって大きな問題となっている。このままでは二国間同盟の存続すら危うくなる可能性があるという関係者もいる。我々は今後の推移を慎重に見守るべきだ」

この文章を「（前略）」「（中略）」「（後略）」を使って略すと以下のようになります。（「（前略）」と「（後略）」は任意）

「（前略）A国とB国の関係は悪化の一途をたどっている。（中略）関係悪化の本質は（中略）貿易摩擦であり、（中略）このままでは二国間同盟の存続すら危うくなる可能性がある（後略）」

ポイントは、**資料文の主張の「核」の部分を残すように略す**ことです。

間違っても、

「（前略）A国とB国の関係は悪化の一途をたどっている。最近ではB国内のA国軍の軍事基地の拡張についてB国が反対の意を表している。（中略）このままでは二国間同盟の存続すら危うくなる可能性がある。（後略）」

のように「本質」を抜いてしまう略し方や、

「（前略）A国とB国の関係は悪化の一途をたどっている。（中略）しかし、（中略）我々は今後の推移を慎重に見守るべきだ」

のように「見守る」対象と意味が変わってしまうような略し方をしてはいけません。

短く、しかしあくまでも資料の主張の根幹は伝わるように略しましょう。

●ツボその② 説得力は「判断」と「根拠」の結びつきの強さ

「説得力がある」「説得力がない」よく使う表現ですが、この差はなんでしょう?

それは、**下した「判断」と、その判断がなぜ正しいかを証明する「根拠」との結びつきの強さ**の違いです。

たとえば、「A氏はノーベル文学賞にふさわしい」という「判断」に対し、

> (根拠A)
> 「なぜなら、私も読んで感動したし、周りの友達もたくさん読んでいたからだ」
> (根拠B)
> 「なぜなら、世界四〇カ国で翻訳され、日本文学に特に興味のない人にも読まれているからだ」

と二つの根拠があった場合、あきらかに(根拠B)の方が「説得力」があります。

違いは、(根拠A)が個人的な体験をもとにした主観的な根拠しか挙げていないのに対して、(根拠B)は読者も検証可能な客観的な事実を根拠として挙げていることです。やはり「根拠」と**して強いのは、だれもがその正誤を確認できる「客観的な事実」**なのです。

また、「判断」に対して「根拠」の大きさも重要です。「ノーベル賞」という世界規模の話題には、やはり世界規模での根拠が必要です。

自分の文章に「説得力」を持たせたいなら、自分の「判断」とその「根拠」との結びつきに注意を払いましょう。そして、「客観的事実が挙げられているか」「判断を支えるのに適切な『大きさ』を備えているか」の二点を確認して下さい。

そうすることで、あなたの論文には十分な説得力が備わります。

●ツボその③ 「ナンバリング」はあなたの味方

今日は「ナンバリング」について伝えたいことが三つあります。

一つめは、「ナンバリング」を使うことで、複雑な内容が分かりやすく伝えられる、ということ。

二つめは、「ナンバリング」は、「予告文」と「関係記述語」で成立すること。

三つめは、「ナンバリング」を使うことによって、その文章が「あらかじめ計画されたものである」ことをアピールすることができること、です。

……と、ここまで読んできておわかりでしょうが、上記のような説明の仕方を「ナンバリング」と言います（笑）。

もし、上記の内容をナンバリングを使わずに表現するとすれば、たとえば以下のようになるでしょう。

> **ナンバリングを使わない文章**
>
> 私が今日伝えたいことは、「ナンバリング」というのは複数の項目があるときに、それをわかりやすく伝えることができることと、ナンバリングが「予告文」と「関係記述語」で成り立っていること、そしてナンバリングを使用することで、その文章があらかじめ計画されたものであることをアピールすることができることとです。

ナンバリングを使うときは、まず、「予告文」で、いくつ項目があるかを宣言します。（例「理由は、〇つあります」）

その上で、「第一に……、第二に……、第〇に……」や、「まず……、つぎに……、最後に……」など、「関係記述語」を用いて一つずつ説明していきます。

こうすることで、読者は、すんなりと複雑な事柄を理解してくれるのです。

●ツボその④　図表やグラフなどが与えられたときの対処法

図表も資料文と同じように「主張」をしています。図表付き小論文ではこの図表の主張を読みとり、それを引用することによって答案を成立させていきます。

では図表の主張は、図表のどのような所に現れるのでしょうか。

それは図表の「極端な部分」です。

極端に大きな数値、極端に小さな数値、極端な増加、極端な減少、極端な変化、極端な〝無〟変化、極端なばらつき、極端な集中、などなど、図表の「極端な部分」に注目することによって、図表の主張を読みとることができます。

あとは読みとった主張を、後ろの展開に合わせて、必要な分量だけ引用すれば、通常の資料付き小論文と同じように対処することができます。

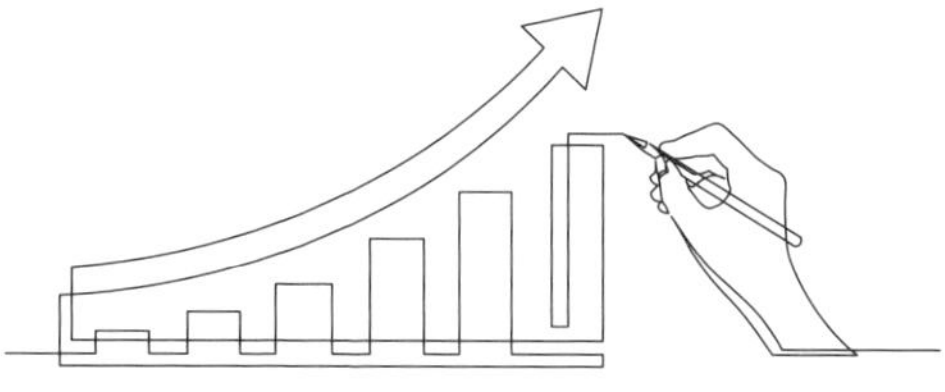

作文タイプ小論文のツボ ①

作文タイプ小論文の4つのツボ

自分を語る「作文タイプ」の小論文。ツボを押さえて魅力的な自分をアピールしましょう。

●ツボその①　今の自分＝過去の自分＋未来の自分

「作文タイプ」の小論文で書くべきことは、

(1)過去の自分（＝今まで何をしてきたか）
(2)未来の自分（＝これから何をしたいか）

です。つまり、「作文タイプ」の小論文とは、「過去の自分（＝今まで何をしてきたか）」をふまえ、これからの「未来の自分（＝これから何をしたいか）」を述べる論文なのです。

●ツボその②　「成長物語」を準備せよ

また、試験のための小論文という性格上、そこで語られる「私」は、「いままで良い方向にだんだん成長してきて、そしてこれからも成長し続ける私」でなければなりません。

また、**「成長」を感じさせるためには、「挑戦」→「失敗」→「学び・特訓」→「成功」の流れでエピソードを語りましょう。**

未熟な自分が「挑戦」して「失敗」する。そこから仲間や師匠を得て「学び・特訓」し、再挑戦して「成功」する。

これらは小説や漫画、アニメにも共通の成長のフォーマット（ひな形）です。ぜひ、この流れで語れる「成長物語」を、いくつか用意しておきましょう。

●ツボその③ 「夢」と「目標」と「課題」

「私のキャリアビジョン」や「一〇年後の私」といった「未来の自分」中心のの「作文タイプ」の小論文を書くときのポイントは、

「夢」「目標」「課題」を段階的にはっきりと把握しているかということです。

①「夢」

「夢」とは「自分が一生をかけても到達できるか分からないいくらい遠くにある目標」です。

その意味では、高校生のみなさんがよく書く「医者になりたい」「弁護士になりたい」という「夢」は「夢」ではありません。なぜならそれらになったとたんに「夢」が「夢」でなくなってしまうからです。

これらを「夢」にするには「○○な医者になりたい」「弁護士になって××したい」という「○○」や「××」の部分を考えてください。

たとえば「患者の気持ちが分かる医師になりたい」とか「弁護士になって女性の権利を守りたい」とするだけで、それは「一生をかけても到達できるか分からないくらい遠くにある目標」になります。

②「目標」

「目標」というのは「「夢」に向かう上で、近い将来必ず克服しなければならない課題」のことです。

しかし、ここでも「そのためには医者（弁護士）にならねばならない」といった「目標」は書かないようにしましょう。

ここでは「夢」のところで付け加えた「○○」や「××」の部分を達成するための「目標」を掲げなければなりません。

たとえば、「患者の心を理解するために、クリニクラウン（臨床道化師）の活動に参加したい」「DVに悩む女性のシェルターでのインターンに参加したい」というように書きます。

「課題」

最後に**「課題」とは、「「夢」や「目標」に到達するために、今すぐに始めなければならないこと、あるいは、今すでにやっていること」**です。

小さくても確実に将来の「夢」や「目標」につながる一歩を書いてください。

未来の自分を語る答案では、「遠くの大きな目標に向かって近くの小さな一歩が踏み出せているか」が評価のポイントになります。

その意味でも、自分自身の「夢」「目標」「課題」をしっかり把握しておきましょう。

●ツボその④　抽象的な課題への対処法

また、作文型小論文には「壁」「眼」などといった一見何を書いたらいいのか分からない抽象的な課題が出題されることがあります。

この場合は、課題の前に「私にとっての」を入れて考えてください。

つまり、「私にとっての『壁』は？」「私にとっての『眼』は？」と考えることで、「私にとっての『壁』は父だった」とか「私の『眼』は、あの本を読んだときに開かれたのだな」などと書くべきことが浮かんでくるのです。

そうすれば「何を書いたらいいのか分からない」ということもなくなります。

作文タイプ小論文のツボ ②

自分を知るための質問50連発

「自分とはどういう存在なのか？」50の質問に応えて、自分の輪郭をしっかり把握しましょう。

作文タイプ小論文の「ネタ」を見つけるために以下の質問に答えてください。

できるところからでかまいません。自分のことを言語化し、それを相手に的確に伝えられるようにしておきましょう。

●家族に関して

Q1：家族の名前を父母両方の祖父母までさかのぼって書きなさい。

Q2：書き出した人それぞれとの関係でいちばん印象に残っていることをなるべく具体的に書きなさい。

Q3：書きだした人それぞれに、今いちばんいいたいことを書きなさい。

Q4：自分の両親それぞれを「親」「男／女」「職業人」「趣味人」のそれぞれの観点から採点しなさい。また採点理由を具体的に述べなさい。

●学生時代

Q5：あなたが学校に通っていたときよく遊んだ友人の名前を三人挙げなさい。

Q6：彼らとのつきあいで、一番印象に残っていることはなんですか。一人一人なるべくくわしく思い出しなさい。

Q7：友人たちとの遊びで、何を学びましたか？

Q8：学生時代にいちばん熱中したことはなんですか？　またそこから何を学びましたか？

Q9：学生時代、あなたはクラスの中でどのような存在でしたか？　またその理由は何ですか？

Q10：卒業後の進路を決定するとき、あなたはなぜ、その学部、専門領域を目指したのですか？

Q11：受験勉強で学んだことで、勉強以外で現在の自分に役に立っていることはなんですか？

Q12：学生時代に自分が経験したアルバイトを全て挙げなさい。

Q13：アルバイトで学んだことをそれぞれのアルバイトについてなるべく具体的に思い出しなさい。

●いちばんシリーズ

Q14：いままでの人生でいちばん泣いたことはなんですか？　その時の状況をくわしく思い出してください。

Q15：いままでの人生でいちばんうれしかったことはなんですか？　その時の状況をくわしく思い出してください。

Q16：いままでの人生でいちばんひどいけんかはどのようなものでしたか？　その時の状況をくわしく思い出してください。また、そのけんかの相手にいま何といいたいですか？

Q17：いままでの人生でいちばんつらかったことはなんですか？　その時の状況をくわしく思い出してください。

Q18：いままでの人生でいちばんこだわったことはなんですか？　こだわり具合がわかるエピソードを挙げてください。

Q19：いままでの人生で、いちばん学ぶところの多かった人は誰ですか？　また、「何を」「どう」学びましたか？　また、いまその人になんといいたいですか？

Q20：いままでの人生で、いちばん学ぶところの多かった「最高の失敗」は何ですか？　また、「何を」「どう」学びましたか？

●志望する領域編

Q21：あなたは志望先に入って何をするつもりですか？

Q22：一生遊んで暮らせるだけのお金が入ってもやりたい仕事はありますか？　またそれはなぜですか？

Q23：あなたが志望先に貢献できることは何でしょう？　なるべく多く挙げなさい。

Q24：あなたが志望先を去るときに後輩からスピーチを求められました。そのスピーチ原稿を四〇〇字で書きなさい。

Q25：人生を勝ち抜くためにあなたが持っている（あるいは持ちたい）三つの武器を挙げてください。そしてそれを獲得した経緯（獲得する方法）と今後の使用予定をなるべく具体的に書きましょう。

●なにをしていますかシリーズ

Q26：一年後のあなたは何をしていますか？

Q27：三年後のあなたは何をしていますか？

Q28：五年後のあなたは何をしていますか？

Q29：一〇年後のあなたは何をしていますか？

Q30：二〇年後のあなたは何をしていますか？

Q31：三〇年後のあなたは何をしていますか？

●想像しましょうシリーズ

Q32：「人生に成功した自分」とはどのような自分ですか？　なるべく具体的に想像しなさい。

Q33：「人生に失敗した自分」とはどのような自分ですか？　なるべく具体的に想像しなさい。またそうならないために、あなたはいま何をするべきだと思いますか?

Q34:これからあなたに起こる「最高の瞬間」はどのような瞬間でしょう? なるべく具体的に想像しなさい。

Q35:これからあなたに起こる「最大のピンチ」はどのようなピンチでしょう? そしてそれをあなたはどのように乗り越えるでしょうか? なるべく具体的に想像しなさい。

Q36:あなたのお葬式で読まれるあなたへの弔辞を想像して四〇〇字で書いてください。

Q37:あなたの死後、残されるものはなんでしょう? 具体的に想像しなさい。

●あなたにとってシリーズ

Q38:あなたにとっての太陽(目標とすべき人、もの、あこがれ)はなんですか?

Q39:あなたにとっての水(とても身近なもの、かけがえのないもの)はなんですか?

Q40:あなたにとっての壁(越えなければならない存在、障害物)はなんですか?

Q41:あなたにとっての大地(ささえてくれるもの、安心するもの)はなんですか?

●セルフイメージシリーズ

Q42:あなた自身の好きなところは、どのようなところですか?

Q45:あなた自身の嫌いなところは、どのようなところですか?

Q46:あなた自身で人に見てもらいたい、評価してもらいたいところはどこですか?

Q47:あなた自身で人に見てもらいたくない、評価してほしくないところはどこですか?

Q48:あなたが得意なものは何ですか?

Q49:あなたが苦手なものはなんですか?

Q50:結局、あなたはどんな人ですか? 一〇〇字以内で述べなさい。

作文タイプ小論文のツボ ③

志望理由書の書き方

あらゆる場面で必要になる志望理由書。その本質は、志望先への「ラブレター」

「志望理由書」は、自分のことを書く典型的な作文タイプの小論文です。

自分を語り、自分がなぜ、その志望先に入る必要があるのか、なぜ、志望先は自分を受け入れるべきなのかを書く必要があります。

●志望理由書の本質は「ラブレター」である

では、志望理由書の「本質」とは何か？

それはずばり、「ラブレター」です。

あるいは、「プロポーズのことば」といってもよいかもしれません。

考えてみれば当然でしょう。志望先とあなたはこれから最低でも数年間は一緒に過ごすことになるのです。志望理由書の読者（面接官や採点官）は、「あなたとこれから一緒にやっていけそうか？」を、あなたが提出する志望理由書から推し量ろうとするのです。

だからこそあなたは、志望先に熱い思いを伝える「ラブレター」を提出し、他の志望者と差をつけて、志望先から「選ばれなければならない」のです。

●人の心を動かすのは「ストーリー」

そして、**「選ばれる」ラブレターに必要なのは、相手の心を動かす「ストーリー」です。**

よく志望理由書の書き方を指導する本には、どういう内容が試験官に「受ける」かを指摘する本があります。

いわく、「役職は、〝副部長〟ポジションが受ける」「趣味は〝読書〟が無難」「自己PRでは〝協調性〟を強調せよ」ｅｔｃ.

しかしこのような、自分の「スペック（能力・性能）」を売り込もうとするやり方は、結婚やお付き合いでもうまくいかないもの。

一方、うまくできた「ストーリー」は、読者を巻き込み、あなたに感情移入させ、読み終わったあと、読者をあなたのファンにします（＝あなたを選びたくなります）。

志望理由書には、あなただけの強力な「ストーリー」を書きましょう。

●志望理由書の典型的な流れ

では、どのようにあなただけの「ストーリー」を作るか。

私は、以下のような流れで「ストーリー」を語るようにアドバイスしています。

①将来の夢の宣言
↓
②夢を抱いた過去のきっかけ
↓
③なぜその志望先なのか
↓
④入った後にどう行動するつもりか
↓
⑤決意表明

まず**「①将来の夢」**を宣言します。自分がこれからどんなことがしたいのか、それを提示して、あなたが将来どんな人になり、どんなことがしたいのかを相手に印象づけます。

つぎに**「②夢を抱いたきっかけ」**を述べます。これを書くことで、どうしてあなたが「一、将来の夢」を抱いたのか、その理由を説得力をもって読者（面接官・採点官）に理解してもらうことができます。

その上で、**「③なぜその志望先なのか」**を書いてください。他にも同じようなことができる志望先があるにもかかわらず、どうしてその志望先なのか、具体的に説明しましょう。

そして**「④入った後にどう行動するつもりか」**を書きましょう。志望先に入ることはあくまでも将来の夢に到達するためのスタートライン。入った後にどうするつもりか、きちんと説明してください。

そして最後に簡潔に**「⑤決意表明」**して締めくくります。

つまり、**「こんな将来の夢を持つ私は、過去にこのようなことを経験していて、その夢を実現するためにこの志望先に入る必要があるのです。入ったらこんなふうに頑張りますので、ここに入れてください」**という「ストーリー」を組むことで、説得力のある志望理由書を書くことができるのです。

●志望先と合致した「夢」を語ろう

ラブレターを読んでもらって自分と付き合ってもらう。あるいはプロポーズして結婚してもらう。そのときに一番大事なことは、「お互いの価値観が合っている」ことです。

最初に自分の将来の夢を宣言する時のポイントは、志望先の読者に「ああ、それならうちに来てもらうといいよ」「うちにくればそれができるよ」と思ってもらえる夢を語ることです。

学校であれば、そこで学べることやその学校の理念、会社であれば、会社で注力している業務領域や今後の事業計画、それらと自分の将来の夢が合致していなければなりません。

事前に丁寧にリサーチして、志望先の価値観と合致した「将来の夢」を宣言しましょう。

そしてその際の注意事項ですが、将来の夢は必ず「○○なXXになる（例「生徒の気持ちがわかる教師になる」）」あるいは「XXになって△△する（例「市役所職員になって市の経済発展に寄与する」）」という形で表現してください。（くわしくは、125ページの「夢」と「目標」と「課題」を参照）

●「夢」を納得させる「きっかけ」を書こう

あなたがどんな人生を歩んできたのか、そこで何を感じ、何を考えてきたのか、あなたの過去を知ることでラブレターの読者は安心してあなたに心を開いてくれます。

将来の夢を宣言したら、今度は過去に戻って、どうしてその夢を抱くようになったのか、きっかけとなる経験を書きましょう。

ここでのポイントは、①の将来の夢と②のきっかけの間に必然性を感じさせること。

「ああ、そんな経験をしてきたんじゃ、そういう夢を持つよねぇ」と読者に感じてもらいましょう。その夢が、きちんと過去に根を持つ「本物」であることを納得させるのです。

●「あなたでなければいけない」理由を書く

ラブレター、あるいはプロポーズで一番重要なのが、この部分です。

「べつにだれでもいいんですけど付き合ってください」

「とりあえず結婚してもらえませんか？」

こういわれて、「ＹＥＳ」と言う人はいないでしょう。

どうしてあなたを選んだのか、なぜあなたでなければいけないのか、ここをしっかり説明できなければ、相手の心は動きません。

志望理由書の場合、志望先が学校ならば、どうして同種の他の学校ではなくその学校なのかを、志望先が企業であれば、どうして同業他社でなくその会社なのか、それをしっかり書きましょう。

●受け入れてもらった後の約束を必ずする

「なぜあなたでなければならないのか」を伝えたら、今度は受け入れてもらった後の約束も忘れずにしましょう。

ここで将来の約束ができない、あるいは「釣った魚にはエサをやらない」タイプの人間だと思われたら元も子もありません。

「自分と付き合ったらどんないいことがあるか」「自分と結婚したらどれだけ相手を大事にするか」それを具体的に約束してください。

学校入学に向けての志望理由書であれば、入学後、どれだけ勉学に励むか、企業・官公庁就職のための志望理由であれば、採用後、どのように職務に励むつもりか、なるべく具体的に記述しましょう。

そして、その時のポイントはただ一つ。

それは、**「この人を入れたら、自分たちにメリットがある」と、読者（採点官や面接官）に思わせるように書く**ことです。

つまり、学校でいえば「この人は問題を起こさず学校で学んでくれて、在学中、あるいは卒業後にこの学校の評判を高めてくれそうだ」と思わせるように、あるいは企業や官公庁であれば、「こちらが期待するよりも多くのことをしてくれて、大きな利益や素晴らしい評判を作ってくれそうだ」と思わせるように書きましょう。

●さらっと決意表明して締めくくろう

さあ、ついにラブレターあるいは、プロポーズの最後のキメの台詞です。

最後に自分の強い思いを伝えて相手をノックアウトしましょう。

とはいえ、表現はごくシンプルで構いません。

「以上の理由により貴学への入学を強く希望する」

「以上が御社を志望する理由である」

などと、簡潔にまとめる形で良いでしょう。

ここであまりクドクド書くのは、かえって逆効果です。さらっとまとめて爽やかな読後感を与えてください。

●ただし「設問の要求」を最優先すること

志望先によってはある特定の構成や内容で志望理由書を書くことを要求してきます。

たとえば、

(1)本学の方針を踏まえて、①志望に至った経緯、②本学で学ぶ目的、③卒業後の展望、の三点について書いてください。

(2)これまで大学や社会で学んできたことを述べ、入庁後に○○市政で挑戦したいことを述べよ。

このように、ある特定の構成と内容を要求してくる時は、その要求に過不足なく答えましょう。

さて、いろいろ、テクニック論的なことも書いてきましたが、最後にひとつ。

それは、結局、一番大事なのは、その志望先に対してあなたがどれだけ「愛」を持っているかだということです。

志望理由書がうまく書けないならば、まずはその志望先が自分が本当に入りたいところなのか、を再確認しましょう。

●志望理由書例文① 【専門学校入学用】

私の夢はきめの細かいサービスのできるツアーコンダクターになり、海外旅行の素晴らしさを多くの人に知ってもらうことです。

その夢を抱いたきっかけは、高校二年の時に、オーストラリアにホームステイした際に添乗員として世話をしていただいたツアーコンダクターの人にとても親切にしてもらったことです。彼女は初めての海外旅行で緊張していた私に、ホストファミリーとの接し方のポイントや現地の習慣などを丁寧に教えてくれました。また私が体調を崩してしまった時も、日本語をしゃべれるドクターをすぐに手配してくれたりと、彼女のきめの細かい親切によって私のホームステイは大成功でした。

私は、この経験でツアーコンダクターがその旅行の成功を大きく左右し、訪問した国に対するイメージを決めることもあることを学びました。そして私自身も彼女のようなツアーコンダクターになりたいと思ったのです。

貴学（貴校）は実際に使える英語を学ぶというカリキュラム上の特色があり、将来、職業として英語を使おうと思っている私にとっては大変魅力的です。また、オープンキャンパスに参加した時には、先輩方やスタッフの方がたいへん丁寧に学校の案内をしてくれて、ここならば、私の夢を実現させるための勉強ができると感じました。

貴学に入学した後は、将来の夢を実現するために貴学で実践的な英語を学びたいと思っています。また、将来、表面的な観光案内にならないように、世界の国々の文化や歴史なども勉強したいと思っています。

以上の理由により、貴学（貴校）への入学を強く志望します。

●志望理由書例文②【大学栄養学部推薦】

私は将来、行政栄養士になり、健康こそが豊かな人生の基本ということを、多くの地域住民の方々に知ってもらいたい。

その夢を抱くようになったきっかけは二つある。一つは、趣味のダンスを通して体を動かすことの充実感を味わい、健康な体づくりに関心を持ったことだ。さらに健康の維持には、運動のみならず、栄養面からの身体づくりが必要なことを知り、栄養学についてもっと学んでみたいと考えた。

そしてもう一つの理由は、家族が生活習慣から病気になったことだ。私の祖父は、タバコと飲酒が原因の癌で亡くなり、また父も脂質の取りすぎで、胆石になった経験がある。この経験により、私は生活習慣を改善することで病気を「予防」することの重要性を深く感じたのである。

貴学は、病院や施設における実習を重視しており、また、医療、福祉などの分野との連携についても学ぶ科目が設けられている。そしてなにより、相談者一人、一人をしっかり尊重するという教育理念を掲げており、私はそこに感銘を受けた。

貴学に入学したら、栄養学を、病気の「予防」という視点から学んでみたい。また、地域の人々と触れ合う貴重な機会であるボランティア活動にも参加し、地域の中での栄養士の活動に触れてみたい。さらに機会があれば、他学科の講義、ことに医療や福祉などに関わる講義を受けてみたいと思っている。

自らの夢を実現し、一人でも多くの人々に、健康な体でいることの素晴らしさを知ってもらいたい。以上の理由により、貴学への入学を強く希望する。

●志望理由書例文③【社会人入試MBA】

私は、会社の財務状態と世の中のファイナンス事情を適切に把握した上で、会社の資産を適切に管理・運用できる人材になりたい。

私は輸入会社で一〇年間勤務してきた。会社では、国内メーカーの仕様書の作成や、国外メーカーに出向しての仲介業務、通関とのやりとりなどを行ってきた。また、営業、人事、総務など様々な業務も担当した。

これらの業務に関わるうちに、私はただ業務をこなすだけではなく、会社全体の利益を考えた行動を要求されるようになってきた。そしてその過程において、ファイナンス全般に強い興味を持つようになったのである。

貴学を志望した理由は、四つある。

第一にモザイクコース制で効率よく学べるようにカリキュラムが設定されていること、第二に入学の時点において経済学、数学、統計学などの予備知識が前提とされないこと、第三に通勤と通学が両立できるように夜間に講義が開講されていること、第四に社会人・外国人の入学者が多く、様々なバックグラウンドの人達と交流できること、である。

入学後は、これらの特徴をフルに活用し、ファイナンスの基礎やその周辺分野を学び、特に会社の資産の管理・運用に関する分野を掘り下げて学びたい。そして卒業後は、今までの業務で培ってきた英語力と、貴学で学んだファイナンスの知識を生かして、自社の財務状態および世界経済の動向を適切に把握した上で、資産を適切に管理・運用できる人材となり、自社の発展に貢献したい。

以上の理由により、貴学ＭＢＡコースへの入学を強く希望する。

小論文のための日ごろのトレーニング……①

日ごろのトレーニングのための三本柱はこれ！

情報のインプット（入力）、アレンジメント（整理）、アウトプット（出力）が日頃のトレーニングの三本柱！

●トレーニングの三本柱とは？

「小論文」入試のために日ごろはどんな勉強をしたらよいでしょうか？

「小論文」の日ごろの勉強は、以下の三つの柱から成り立っています。

①情報のインプット（入力）
②情報のアレンジメント（整理）
③情報のアウトプット（出力）

つまり、

1、小論文の内容となる情報を収集し、
2、それを自分の知識として使えるよう整理し、
3、整理した自分の知識を使って、要求にあわせて自分の意見を表現すること

が、小論文の日ごろのトレーニングなのです。

●三本柱はリンクしている

毎日新鮮な「ネタ」を仕入れ、それをいつでも使えるように下ごしらえし、客の好みに合わせて出す…、小論文の日ごろのトレーニングはお寿司屋さんの仕事に似ています。

しかし、小論文のトレーニングがお寿司屋さんの仕事と違う点は、この三本柱が、別々に存在し

日ごろのトレーニングのための三本柱はこれ！

ているのではなく、密接に関係している、ということです。

つまり、この柱のどれか一つを行おうとすると、同時に他の柱の訓練もすることになる、ということなのです。

例えば、インプットとアレンジメントは同時に進むことが多いですし、アレンジメントの過程で自分の意見を言葉にしようとすることは、アウトプットの練習になっています。

逆にアウトプットの過程で必要な情報をインプットしたり、それについてアレンジメントを行ったりすることはよくあることです。要するにそれぞれが密接に結びついているのです。

ですから、あなたは、この三本の柱を順番どおり、一つずつ行おうとする必要はありません。次のページから紹介するトレーニングの具体的な方法を読んで、できるところからどんどんトレーニングを始めてみてください。

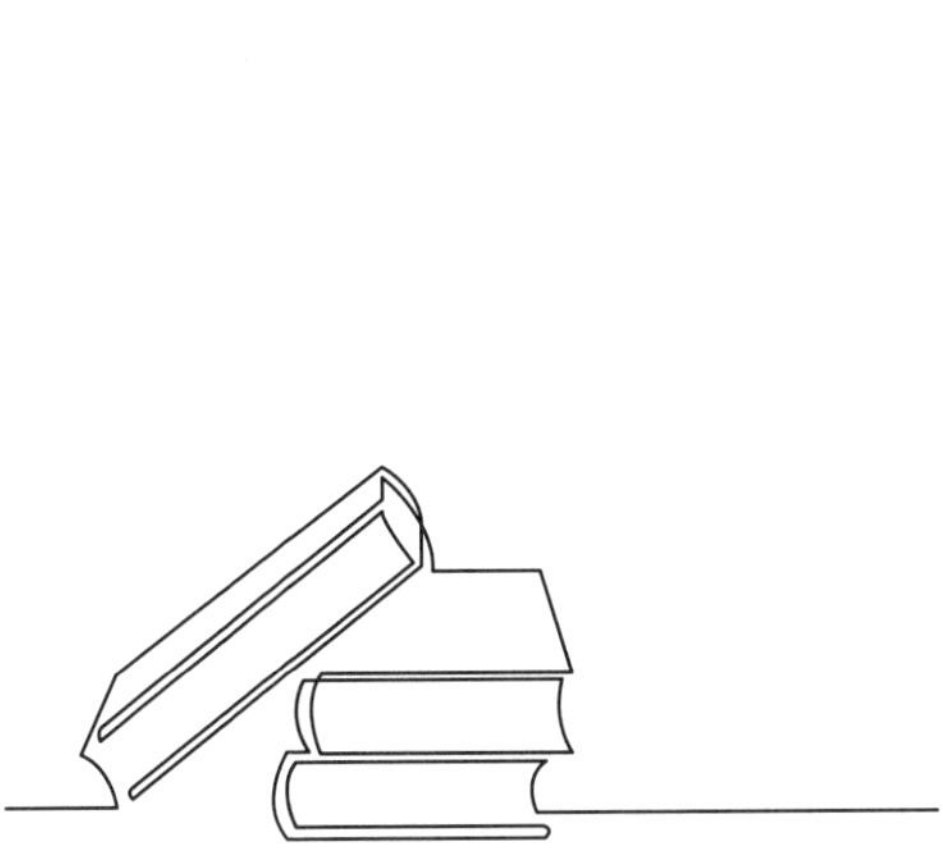

小論文のための日ごろのトレーニング……②

知識を吸収！情報のインプット（入力）

書くためには「ネタ」が必要。そのためにはあらゆる手段で情報をインプットし、新鮮なネタを多く蓄えよう！

「小論文」を書くためには、最初に「ネタ」となる情報を「インプット」しなければなりません。ある程度の知識がなければよい小論文が書けないのは厳然たる事実です。以下に挙げる４つの方法を駆使して、情報をインプットしましょう。

①インターネットで情報を得る
②新聞（雑誌）を読む
③本を読む
④いろいろな社会的経験を積む

①インターネットで情報を得る

現在、情報収集の主流は、インターネットになっています。

そしてメディアの中でも変化のスピードがもっとも速いのがインターネット。ですので、以下の手順で知識を集めることを意識して、その時の一番の方法を選んで情報収集してください。

(1)物事の概要を知る

あるテーマについてほとんど知識がない場合は、その概要から情報を集めましょう。

たとえば、キーワードに「とは」を付けて検索しまする。「トリアージとは」「ＰＤＣＡサイクルとは」という形です。こうすることで、そのキーワードに対する概要を説明したページがヒットします。

また、「ｗ・ｉ・ｋ・ｉ」という単語を付け加えて検索しても、そのテーマに関する情報が集積したまとめサイトを見つけることができます。

⑵細かい事実を知る

概要をつかんだら、必要に応じて細かい事実を収集します。知りたい内容を、複数の単語でヒットさせるのが基本です。たとえば、「トリアージタグの色」「ＰＤＣＡサイクル　タイミング」といった形です。

また、キーワードに「ポータル」という単語を付け加えて検索すると、さまざまな情報サイトが集積されたサイトを見つけることができます。そこから目的の情報が掲載されていると思われるサイトに飛ぶことで、細かい事実を収集することができるでしょう。

⑶他人の考え・意見を知りたい時

あるテーマに関して他人の考え・意見を知りたい時は、各種ＳＮＳやブログ、ニュースサイトのコメント欄などを読みましょう。これらを読めば、プロ・アマ問わず他者の意見が豊富にチェックできるので、自分が小論文を書くときに役に立ちます。とくに素人の意見は、時に、稚拙で極端なものがあるため、その意見に対する反論をイメージしやすく、自分の意見を組み立てるときの基準点となります。

⑷注意点

いずれの方法にせよ、インターネットでの情報収集は、低コストですぐに情報が入手できる一方で、内容の信憑性（しんぴょうせい）が低かったり、掲載後、すぐに情報が消されてしまうこともあるので注意が必要です。その情報が信頼に足るものなのか、つねに疑いながら読みましょう。

②新聞（雑誌）での情報収集

情報をインプットするための第2の方法は、新聞（雑誌）を読むことです。最近はインターネットに押され気味ですが、小論文入試にはいまだ新聞からの出題が多く見られます。ですから、新聞にはできる限り毎日目を通すようにしましょう。

大学入試に出題される新聞記事は、圧倒的に朝日新聞から引用されています。ですので、まず一紙めは「朝日」、そして対立する意見を知るために二紙めを「讀賣」や「産経」にしましょう。そうすることで一つの事件に対する異なった意見を知ることができます。

また、就職試験用にはやはり「日経」（日本経済新聞）を読んでおくことをおすすめします。採用担当官が読んでいる新聞のトップがやはり「日経」でした。敵を知るためにも、「日経」を読むことをおすすめします。

そして読むときの注意点ですが、記事はそのレイアウト（記事の大きさや配置）に注目しながら読みましょう。新聞と雑誌の強みは、レイアウトによって社会における情報の軽重を伝えることができることです。新聞と雑誌はニュースの価値があると判断した順番に文字数と目立つスペースを用意します。だからレイアウトを見ながら、今、社会で関心を持たれていることは何かを考えるようにしましょう。

③書籍での情報収集

〝小論文を書く〟という視点から見た場合、本を読むことの利点には以下の4点があります。

A　小論文の「ネタ」となる知識を得ることができる。

B　小論文で使用されることの多い、抽象的なことばを覚えられる。

C　良い文体の本を読むことで、自分が小論文を書くときの文体のお手本を得ることができる。

D　何度も繰り返して読むことができ、本に書かれている内容に関してじっくり考えることができる。

ですから、とりあえず、志望領域に関係する本は、最低10冊は読んでおくことをお勧めします。専門書でなくてもかまいません。最近は新書のシリーズが数多く出版されていますので、志望領域で現在起こっている問題点をそれらの本で確認しておきましょう。

その時、注意すべきなのは、かならず異なった意見を主張している複数の本を読む、ということです。主張の異なる複数の本を読むことによって、一つの問題を、さまざまな角度で考えることができます。そしてその過程で自分の意見を作り上げることができるのです。

また、本には出版されてから時間がたっているものもあることから、現在のネタとして扱うことができない可能性もあるので注意が必要です。必ず奥付（本の一番最後のページ）を確認して、それがいつの時点の情報か確認しましょう。

④いろいろな社会的経験を積む

①から③まで、すべて言葉を使って間接的に情報を得る方法を述べてきました。しかし、直接的に自分の体で得た情報はなんといっても一番説得力があります。

いろいろなことを経験しましょう。その経験が他人の文章の理解を助け、自分の小論文の説得力を高める、最高の「ネタ」を提供してくれます。「経験」は「言葉」より広く、深いのです。いろいろな経験をしましょう。

小論文のための日ごろのトレーニング……③

意見を形成！情報のアレンジメント（整理）

「情報のアレンジメント」とは入力した情報を整理し自分の意見を作り上げること。キーワードは「つっこみ」です

情報をインプットしたら、次はアレンジメント（整理）です。そして情報のアレンジメントにおいて大切なのは、技術ではなく態度です。その態度とは、**すべてのことに〝つっこみ〟を入れようとする**態度です。

なぜ、つっこみを入れることが情報のアレンジメントにつながるのでしょうか？

それは、つっこみを入れるということが、相手の意見に対して異論を唱えることだからです。そして、異論を唱えるということは、まさに相手の意見とは違う「自分の意見」をいうことなのです。

自分の意見は、他人の意見との違いを考えることで生まれます。そのためには他人の意見を鋭く疑い、どこかおかしなところがあるのではないか？　もっと違う見方があるのではないか？　と何ごとにも〝つっこみ〟を入れる気持ちで接する必要があります。

そして、そういう態度で接することが、じつは一番誠実に相手の考えを理解しようとする態度なのです。

しかし、ただ漫然と〝つっこもう〟と心がけているだけでは、なかなかつっこめません。具体的なつっこむ相手とつっこむ方法が必要です。それではは以下に代表的なつっこむべき相手とそれらにどのようにつっこむかを説明します。説明するのは以下の四つです。

①文章をつっこみを入れながら読む
②気に入らない相手につっこみを入れる（心の中で）
③友達とつっこみを入れあいながら議論する
④自分の常識につっこみを入れる

①文章をつっこみを入れながら読む

我々には、活字で書かれた文章は、つい信じてしまう、という癖があります。とくに新聞や教科書など、エラそうにしている文章に対してはなおさらです。

ですから、文章を読むときには、常に「ほんまかいな?」「うそちゃうか?」とつっこみを入れながら（別に関西弁でなくてもいいですが…）読むようにしましょう。

例えば99ページの「健全な肉体に健全な精神は宿る」という文を見たとき、私の中には「健全な精神って何？　誰が決めるの?」「肉体的に障害を持った人には健全な精神が宿らないの?」といったつっこみが即座に浮かんできました。そして、このつっこみを、他人にもわかるように「根拠」を挙げながらていねいに説明すると、新たな自分自身の「理論」ができあがるのです。

たったいまから、すべての文章（この本の文章も例外ではありません）につっこみを入れながら読むようにしましょう。

②気に入らない相手につっこみを入れる（心の中で）

「いやな親」「いやな教師」「いやな友達」などなど、世の中には「いやなヤツ」がいっぱいいです。でもなぜ、そいつはそんなに「いやなヤツ」なのでしょう。それはそいつが持っている考えと、自分の持っている考えがことごとく対立しているからなのです。

しかし、そんな**「いやなヤツ」に「言葉」で反論しようとすることも、小論文のよい訓練です。**別に面と向かっていう必要はありません（いってもいいですが責任は持ちません）。「いやなヤツ」と意見の上で衝突したときは、反論をきちんと構築してみましょう。

「ムカツク！」と思ったら、「ムカツク！」といって終わりにするのではなく、「なぜムカツクのか」「相手を打ち負かし、スカッとするにはどういい返したらよいのか」などを冷静に考えます。できれば文章にするとなおさらよいでしょう。きっとその文章を書き終えるころにはムカツキもとれスッキリとした気分になり、おまけに小論文の力もついているはずです。まさに一石二鳥の方法といえるでしょう。

③友達とつっこみを入れあいながら議論する

友だちと共同で何かをするときは、つっこみを入れあいながら、なるべく「よりよい方法」を見つけ出すよう議論しましょう。「旅行の計画」や、「部活動など組織の運営方法」、「夕飯に何を食うか」など、なんでもかまいません。意見をいい合い、**意見が食い違ったときは、対立を恐れずに、言葉を尽くして議論しましょう。**

この方法は、小論文でいえば、「部分否定」の「判断」や、よりよい「提案」を生み出すための訓練といえます。

基本的には相手の立場を認めつつ、自分の意見を「たしかに…だが、しかし…ではないか」という形で主張します。まさに小論文の「部分否定」の定型で自分の意見を述べていくのです。そうやってお互いの意見をやりとりする過程で、お互いの意見の対立を解消する、よりよい第三の意見を見つけ出せれば、こんなにいいことはありません。

④自分の常識につっこみを入れる

もっとも頑固で、一番つっこむのが難しいのは、何あろう「自分の常識」です。

疑う余地がないと思われる、自分にとっての「当たり前」をこそ疑いましょう。そして、他の人にとっての「当たり前」のほうが、じつは本当の「当たり前」なのではないか、と一度は自分に問うてみることです。

例えば、新聞の投書の意見に対して「そのとおり！」「つっこむところなし！」と思うことがあるかもしれません。しかしそんなときこそ、立ち止まって考えてほしいのです。そこに書かれていたことは、真実なのではなく、もしかしたら自分の「常識」と同質なだけかもしれないのです。別な考え方がないかどうか、もしかしたら別な「常識」のほうが正しいのではないか、と一度自分に問うてみてください。

小論文のための日ごろのトレーニング……④

正確に発信！情報のアウトプット（出力）

基礎訓練をしたら、とにかく書きまくって慣れること！　書き直しと他の人に見てもらうことも忘れずに！

インプットとアレンジメントが終われば、あとは、アウトプット、つまり書くことだけです。アウトプットで重要なのは「**とにかく書くこと**」、**そして**「**信頼のおける指導者に添削してもらうこと**」、**さらに**「**納得がいくまで書き直すこと**」です。しかし、すぐに小論文の問題に取りかかるのには抵抗がある、という人もいるでしょう。また、もう少し基礎訓練をしてから問題に取り組みたい、という人もいるかもしれません。そのような人には、以下のような基礎訓練をおすすめします。

①新聞の投書や、コラムなどを視写する
②視写した記事を要約してみる
③視写した記事について論文を書いてみる

①新聞の投書や、コラムなどを視写する

「視写」というのは、新聞記事などを、一字一句違わず「視《み》ながら」「写す」ことです。「えっ、ただ視ながら写すだけ？」と思われるかもしれませんが、じつは、この方法は小論文の訓練という観点からみると、以下の二つの点で非常に有効な手段なのです。

A　記事の内容を注意深く読むことができる
B　自分が小論文を書くときの感覚がつかめる

Aは、読解力の養成という点から見た利点です。他人の文章を視《み》ながら写すことで、その人がどのようなつもりで、その文章を書いたのかがわかるようになります。なぜここでこの言葉を使うのか、なぜここに読点をおくのか、この事例はなんのために書かれているのか、などその文章を書いた人になったつもりで、注意深く読むことで、その文章の内容を深く理解できるようになります。

Bは実際に小論文を書くという点から見た利点です。投書は原稿用紙一・五〜三枚の長さです。これらの長さはほぼ、標準的な小論文の制限字数と同じです。ですから、この分量の文章を視写することは、実際に自分が小論文を書くときの予行演習にもなるのです。

この方法のよい点は、「小論文を勉強するのだぞ」という構えなしに、小論文を勉強することができることです。小論文の基礎訓練は、新聞記事の視写から始めてみましょう。

② 視写した記事を要約してみる

読解力に自信のない人、過去問で要約を求められることがわかっている人は、視写した記事を要約してみましょう。

要約は、文章の大意をつかむいい訓練です。長い文章のどこが大事で、どこが大事でないかを見極めることは、そのまま読解力の向上につながります。論文型小論文の説明で、「要約はなるべく避けて引用をすること」と説明しましたが、読解力アップのために、基礎訓練ではどんどん要約をしてみましょう。

その際、注意すべきことは、**いろいろな文字数で要約を作成してみる**ということです。私は一つの文章に対して二〇〇字、一〇〇字、五〇字、二〇字、の要約を作らせるようにしています。異なった文字数で要約を作ることで、どのくらいの文字数で、どの程度書けるかがわかり、本番でも文字数が足らなくなったり、逆にあまったりということがなくなります。

③視写した記事について論文を書いてみる

せっかく視写をして、注意深く文章を読みとったのですから、次の段階として、視写した文章について、小論文を書いてみましょう。つまり、**視写した文章が実際に小論文入試で出題されたと仮定して、その文章に関して小論文を書いてみる**のです。

あなたは視写した段階で、すでに矛盾点や問題点を探しながら文章を読んでいます。ですからその時に見つけた矛盾点や問題点を「引用」し、それに対して「問題提起」して「判断」を下し、「根拠」を挙げて自分の論文を書いていくのです。

この論文で合否が判定されるわけではありません。投書の場合、相手も素人です。投書の主と議論するつもりで気楽に書きましょう。そうするうちに自然と論文型小論文の型にはまった論文が書けるようになります。

さて、基礎訓練が終われば、あとは実戦形式で小論文の過去問を練習するだけです。その際は、以下の三点に気をつけてください。

●ネタの転用を練習しよう

いくら周到に情報をインプットし、アレンジメントをしていても、すべての小論文に別々の「ネタ」を用意するわけにはいきません。また、その必要もありません。なぜなら、**おなじ「ネタ」を使い回せばいい**からです。この「ネタ」の使い回しを、「ネタの転用」といいます。

たとえば、本書91ページの作文タイプ小論文のサッカー部主将を務めた話は、「チームワーク」の話でしたが、これを「リーダーシップ」の話で使うことは可能です。また、103ページの「死の教育」の答案の「『教える』のではなく、『感じさせる』ことが重要」という提案は、さまざまな論文で使い回すことができるでしょう。

ただ、気をつけていただきたいことは、「ネタの転用」は、あくまでも「ネタ＝内容」の転用であり、表現の転用ではないということです。文章を丸暗記してそれを書くのではなく、あくまでもその問題にあわせて、ネタを書き分ける練習をしましょう。

このように、論文を書くことに慣れてきたら、自分の得意ネタを、さまざまな課題に使い回す訓練をしてみてください。

●他人に自分の小論文を読んでもらおう

情報のアウトプットにおいて、実際に書くことと同じくらい大事なことに、書いたものを他の人に見てもらうということがあります。

練習の論文を書き上げたら周りにいる人に読んでもらいましょう。自分では十分わかりやすく書いたつもりでも、他人の目で見ると、わかりずらいということはよくあることです。

●納得がいくまで書き直そう

小論文の実力は、書き直しの際に養われます。前回の答案の問題点を反省し、どこを直せばよりわかりやすくなるか、どのように論を展開すればより説得力が増すか、などを考えながら、**納得がいくまで、何回も書き直しましょう。**

また、これも信頼の置ける指導者に見てもらうことが肝心です。指導者が学校の先生の場合は、たとえいやがられても何回も書き直しの答案を持っていくようにしましょう。また、指導を受けているのが、通信添削の講座であれば、書き直しの制度のない通信添削は、受講する価値がありません。必ず、書き直しの制度のある通信添削講座を受講しましょう。

小論文のための日ごろのトレーニング……⑤

家で小論文の問題に挑戦するときの注意点

初回は制限時間を守って、書き直しはじっくり時間をかけると実力がアップする。必ず手書きで練習しよう！

「小論文」を自宅で書く場合、どんなことに気をつけたらいいでしょうか？

「小論文」を自宅で書く場合にもっとも気をつけなければならないことは、**初回は制限時間を守って、書き直しはじっくり時間をかけて**ということです。

実際の小論文入試に制限時間がある以上、ある程度の時間内で小論文を書けるようにする訓練は必要不可欠です。ですから最初に小論文の問題に挑戦するときは、なるべく制限時間を守って書いてください。最初は難しいかもしれませんが、何回も繰り返すうちに感覚がつかめてきます。

そしてこの最初の演習を繰り返す中で、自分なりの時間配分をつかんでください。特に自分が物理的に制限字数を埋めるのに何分かかるかは必ず把握しておきましょう。

反対に書き直しの時は、あせってはいけません。じっくり時間をかけて、構成の洗練、内容の吟味、推敲による文章のレベルアップに時間をかけてください。

また、ふだんパソコンなどを使って文章を書いている人も、小論文の練習のときは本番を意識して、必ず手書きで練習しましょう。

第3章

ジャンル別・テーマ別 実例＆添削集

※この章に掲載した答案は受講者が実際に書いたものです。

※自由記述①…「引用」「判断」「根拠」「提案」
　自由記述②…「応答」「根拠」「提案／抱負」
　の型を使用しています。

課題1
作文・テーマ
自由記述①

「忘れえぬ人」

（八〇〇字　九〇分）

入試　就職

書き出しはもっと端的に「私にとっての忘れえぬ人は○○だ」と書きましょう。

私は、大学二年生の前期、たまたま履修した講議《講義》で、その先生と出会った。その頃の私は、目標が、あやふやになり、なりたい自分が見えなくなっていた。大学生活にも慣れきってしまい、毎日ただ何となく過ごしていた。そんな私に、先生は「報われることの喜び」を教えてくれた。それは、明確な目標を持って、やる気になれば、どんなことでも実現できるということだった。

　自立した女性になって、仕事を持ちつづける女性になりたいと思っていても、明確な目標がなかった。頭で勝手に想像している~~だけ~~《だけであった》。実際には資格を取ることも、何かに夢中になって取り組むこともしなかった。与えられた、有意義に過ごせる四年間の時間を無駄に~~使ってた~~《使っていた》。せっかく買った、資格用のテキストも、本棚に置いたまま~~だったりした~~《であった》。そん

全体

　経験について述べている部分が長すぎます。答案のほぼすべてが、経験について述べてしまっています。これでは「その経験から何を学んだのか」ということがわかりません。

　過去のことについて述べる小論文では、過去の経験から何を学び、どのように変わったのかを分析する必要があります。

　また、「忘れえぬ人」として挙げている先生の言葉が多すぎて、どれが大事なのかがよくわかりません。授業が厳しいということは推測できるのですが、それはあまり関係なさそうです。

　ということは、心を動かされた

先生の言葉が多すぎて、どの言葉が印象に残っているのかはっきりしません。

な時期に、「キャリア学基礎」の授業にでるようになった。講議[講義]を受けていくうち、いかに自分が、未熟で甘えた人間なのかが、明らかになった。レポートに追いこまれて、嫌になり、履修を途中であきらめようとも思った。しかし、先生の「何かを達成してから、この講議[講義]の単位を取得してください。」という言葉から、どうしても逃げたくなかった。全十三回の講議[講義]も終盤に差し掛かった頃、「目標を達成している人はいますか。」と聞かれた。ちょうど、情報処理技術者初級の申し込みの時期だった。申し込みをためらっていた私は、この言葉で受験を決めた。[なぜそうなのか意味不明です。]その日から、必死で勉強し、なんとか合格することが出来た[できた]。あれほど必死になって勉強したのは、大学受験以来だった。何度も投げ出しそうになっても、先生の「人生には、自分から参加すること」「ベストを尽くして、文句はそれから」という言葉に、励まされた。目標に向かって頑張った分だけ、報われることの喜びも大きくなった。先生の言葉と、私の頑張りが、今の考え方を形づくってくれたのだ。[少しおこがましい印象を与えます。]

ほとんどが経験の報告だけで、それについての分析がありません。

原因は、先生の言葉にありそうです。しかし、その「言葉」が多く挙げられているために、結局どれが力の源になったのかがぼんやりしているのです。

ですから、大事な言葉だけに絞って書いたほうが印象が深くなるでしょう。

課題1
作文・テーマ
自由記述①

書き直し答案

「忘れえぬ人」

入試 就職

私にとっての忘れえぬ人は、大学時代の教官だ。
このように端的に「応答」しましょう。

大学二年の前期、たまたま履修した講義でその教官と出会った。その頃の私は、目標があやふやで、「なりたい自分」が見えなくなっていた。大学生活にも慣れきってしまい、毎日をただ何となく過ごしていた。

自立した女性になって、仕事を持ち続けていきたいと思っていても、明確な目標がなかった。頭で勝手に想像しているだけで、実際には資格を取ることも、何かに夢中になって取り組むこともしなかった。私に与えられた、有意義に過ごせるはずの四年間という時間を無駄に使っていた。そんな時期に、その教官が担当する「キャリア学基礎」の講義を履修した。

講義を受けていくうちに、いかに自分が未熟で甘えた人間なのかを思

具体例があると、もっとよくなります。

POINT

「過去の自分」中心の作文タイプ小論文のポイントは、

①過去の自分の経験が十分具体的に書けているかどうか

②その経験の分析が十分できているかどうか

です。

最初の答案は①は十分だったのですが、②が不十分でした。書き直しの答案は、ずいぶんその点が改善されています。もうすこし「未来の自分」を語ってもらうと、さらによくなります。

分析の部分ができてよくなりましたが、もう少し分量があるといいでしょう。

い知らされた。レポートに追われることが嫌になり、履修を途中であきらめようとも思った。しかし、教官の「何かを達成してから、この講義の単位を取得してください。」という言葉から、どうしても逃げたくなかった。

全十三回の講義も終盤にさしかかった頃、教官から「目標をすでに達成した人はいますか。」と聞かれた。[私は]ちょうど、情報処理技術者初級試験を受けようかと思っていた。申し込みをためらっていた私は、この言葉で受験を決めた。「何かを達成しなければ。」［意味がはっきりしました。］その日から必死で勉強し、無事試験に合格した。私は、この講義を受けて、以前の私自身を変えることができたのだ。

今は、その教官のおかげで、目標を持つことができた。［具体的に書いたほうがいいでしょう。］そして、目標に向かって努力することのすばらしさを学ぶことができた。教官の言葉こそ、私を動かす原動力になったのだ。その力を大切にして、これからも仕事は［を］がんばっていきたい。

こうすればもっとよくなる

「忘れえぬ人」を考えるときには、当然のことながらその人との間に何があり、そして、その経験から何を学んだのかを書く必要があります。ただ単に、経験したできごとだけを羅列するだけではいけませんし、経験も書かずに何を学んだかだけを書き連ねてもいけません。バランスが大事です。

今回の答案の場合、最後の段落がもう少しくわしく書かれているとさらによくなりました。例えばどのような目標を持てたのか、その目標と今回の志望がどう関係するのかなどを書いたほうがよかったでしょう。

課題2
作文・テーマ
自由記述②

「十年後の私のあるべき姿」

（七〇〇字程度　八〇分）

入試　就職

最初の段階で要求されていることにきちんと答えましょう。この場合は「十年後のあるべき姿」を端的に。

「十年一昔」ということわざがある。しかし、めまぐるしく医療技術が進歩している医療界には当てはまらない。医療技術の発達に伴い、法律の制定や改正が医療技術先進国で行われている。日々変化している医療界でも、患者に対し、深い思いやりと、理解をもって接することは、十年後も変わらないことだろう。

ことわざから入るのは陳腐な印象を与えます。やめましょう。

予想される展開と逆の結論になって、わかりづらくなっています。

＊1
私は生来、明るく前向きな性格を持ち合わせている。何事にも率先して取り組むように努力をしてきた。接客業や、英語を教えるアルバイトを通じ、ボランティア精神も育まれたと思う。これからの私の人生は、こうして身に付けた性格を、医療

全体

この課題は、「十年後における自分のあるべき姿」でした。答案そのものはうまくまとまっています。しかし、課題に答えているかというと疑問が残ります。なぜなら、「なぜ理学療法士を目指すのか」ということに力点が置かれすぎているからです。

未来のことを語る作文タイプ小論文では、「△△な〇〇になりたい」と書くのが鉄則です。しかし、この答案は「なぜ〇〇になりたいのか」が中心であり、その点では「未来」のことを語っていません。最後の段落に書かれてはいるものの、それでは遅すぎます。型に沿って構成し直し、「△△な」と考えるようになった経験を整理

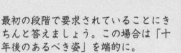

これが最初に書くべきことです。

の場で生かして生きたい。看護婦である叔母の影響や四年間担当している生徒が難病と診断されたことなどをきっかけに、医療従事者を志す決意をした。その中でも、運動機能の回復を目指し、社会復帰を望む、身体的にも、精神的にも支えを必要とする障害者と関わっていきたい。

　将来、理学療法士として医療に貢献できるよう、在学中から課外授業や、ボランティア活動に積極的に参加し、障害者と多く接し、相手が何を望んでいるか的確に把握できる能力を身に付けていきたい。

　十年後も、常に自己研鑽を積み、確かな知識と、その時代の最新かつ、最良の技術を患者に提供していたい。それと同時に、「深い思いやりと理解」を持ち、人間的に信頼される医療従事者でいたい。

していく必要があります。

　この課題に答えるためには、例えば次のような構造で答案を組み立てる必要があります。

A「十年後における自分のあるべき姿」

▽まず、「十年後における自分のあるべき姿」を端的に述べる。

▽その後に、簡単な説明をつけ加える。

B「十年後における自分のあるべき姿」を設定した根拠

▽なぜそのようになりたいのかを述べる。

▽できれば、自分の経験を関連づけるとよい。

C「十年後における自分のあるべき姿」になるためにすべきこと

▽Aで述べたような姿になるために、何をすべきなのかを述べる。

▽現在続けていること、学校で学びたいこと、学習以外にやってみたいことなどを述べる。

＊1　この段落には、「なぜ理学療法士を目指すようになったのか」ということが書かれていますが、いろいろなことをつめ込みすぎています。もっと整理させる必要があります。

課題2
作文・テーマ
自由記述②

書き直し答案

「十年後の私のあるべき姿」

入試　就職

十年後の私は、理学療法士として医療に貢献していたい。常に自己研鑽を積み、患者に対し、確かな知識と、その時代の最新かつ最良の技術を提供していたい。「深い思いやりと理解」を持ち、人間的に信頼される医療従事者でいたい。

看護婦である叔母の影響や、義弟が整骨院を開業していることもあり、もともと医療に対し漠然とした憧れはあった。そして、いくつかの体験の中から、医療従事者を目指そうと思うようになった。

福祉施設への「歌う」ボランティアに昨年から参加している。行くたびに、施設にいる方々の喜んでいる姿に接し、より深く関わりたいと思うようになった。

また、〈英語講師時代〉四年間担当していた生徒が難病と診断された。何度かお見

もう少し端的に「応答」するともっとよくなります。

きっかけ①

きっかけ②

どれか一つに絞り具体的に述べたほうがよいでしょう。

POINT
「未来の自分」中心の作文タイプ小論文は、どれだけ具体的に将来の計画が語れるかがポイントになります。その点で、最初の答案は満足のいくものではありませんでした。型に合わせて書き直した結果、だいぶよくなりましたが、最初に提示される自分の「夢」が多岐にわたっており、どんな理学療法士になりたいのかがぼやけてしまったのが惜しまれます。

きっかけ③

舞いに行ったのだが、そのたびに、患者のみならず、周囲の家族をも励ましながら適切な治療、看護をしている医療従事者を見た。

このような体験をきっかけに、医療従事者を志す決意をした。その中でも、運動機能の回復を目指し、社会復帰を望む、身体的、精神的に支えを必要とする障害者と関わっていきたい。

将来、自分が目指す理学療法士になれるよう、在学中から課外授業や、ボランティア活動に積極的に参加し、障害者と多く接していきたい。そして、相手が何を望んでいるのか的確に把握できる能力を身に付けたい。現在は「歌う」ボランティア活動を通じ、十年後も変わることのない「深い思いやりと理解」の精神を深めていきたいと思っている。

生来の明るく前向きな性格と、接客業や、英語を教えるアルバイトを通じて育んできたボランティア精神を、これからは医療の場で生かしたいと思っている。

こうすれば もっとよくなる

できれば、自らの経験はくわしく述べたほうがよいでしょう。この答案では、きっかけとなる経験が三つ書かれています。これを減らし、「もっとも紹介したい経験」だけに絞り具体的に書くと、さらによい答案になります。

ただしその際には、細かいことばかりを説明するのではなく、大事なところだけを説明する、ということを忘れてはなりません。もし、大事なところだけでは字数が足りないのであれば、その経験をくわしくするか、さらに別の経験を紹介すればよいのです。

また、複数の経験を挙げる場合、互いに関連しあうことがらである必要があります。気をつけましょう。

課題3
作文・テーマ
設問応答

あなたの強みは何か。それが発揮された過去の出来事を述べ、今後その強みをどんな分野でどのように発揮するつもりかを述べよ。

（六〇〇字程度　六〇分）

入試　就職

　一五年継続したバレーボールと、五回のフルマラソン出場で培った~~メンタルタフネス~~精神力の強さが私の~~持ち味~~強みです。

　私が大学時代に所属したバレー部では、A県の全国トップレベルの高校の強豪チームから入部するメンバーが毎年おり、高校で全国レベルの成績が残せなかった私は、当初周囲との差に委縮することもありました。しかし、その分自分の苦手なディフェンスや、任されたポジションに必要なスキル強化を怠らず、自主練習一時間に毎日励みました。また厳しい~~上下関係~~実力主義の中、自分より能力の高い下級生からの指示に悔しい思いも持ちながら、チームが「勝つ」ことを目標に毎日3時

※文末は「だ・である体」で統一しましょう

全体

　基本の流れは悪くありません。表現も非常に安定していて、安心して読める答案です。すでに一定のレベルに達した答案と言えるでしょう。

　ただ、この文章の目的がいまひとつ見えません。昇進試験の場合は、自分が昇進に値する人間だとわからせなければなりませんので、最後の部分で昇格後の業務でその強みをどう活かすかという話を具体的にしましょう。もし就職試験であれば、同様に採用後にその強みをどういかすかを具体的に書いて答案を締めくくりましょう。

この文章の目的は何か考えてアピールする内容を考えましょう

間の練習を重ねてきました。

この経験は、三〇代で始めたフルマラソンでも生かされていると思います。学生時代とは違って、タイムよりも「ゴール」することにフォーカスを置く様《よう》になりましたが、練習の途中で諦めたいと思う時でも、何が何でも最後まで諦めずに物事を遂行する力が身に付いたと思っています。仕事においては、すぐに結果が出ない課題や目標がありますが、私は今後「職場」というフィールドの分野で、常《つね》に自分の職務スキルや領域を把握しながら、チームの一員として発揮していきたいです。年齢を重ねた分、がむしゃらに目標に努力することは少なくなりましたが、メンタルでは誰にも負けない強みを活かしながら、周囲と協力し職場に貢献していきたいです。

に求められる

書き直し答案

あなたの強みは何か。それが発揮された過去の出来事を述べ、今後その強みをどんな分野でどのように発揮するつもりかを述べよ。

入試｜就職

一五年継続したバレーボールと、五回のフルマラソン出場で培った精神力の強さが私の強みである。

私が大学時代に所属したバレー部では、A県の全国トップレベルの高校の強豪チームから入部するメンバーが毎年おり、高校で全国レベルの成績が残せなかった私は、周囲との差に委縮することもあった。しかし私はその分、任されたポジションに必要なスキル強化を怠らず、自主練習を毎日一時間以上行うなど、人一倍の努力を自分に課した。また厳しい実力主義の中、自分より能力の高い下級生からの指示に悔しい思いをしながら従い、チームが「勝つ」ことを最優先~~に~~して毎日の

POINT

作文タイプ小論文で設問応答型の問題になります。まず設問の要求通り、「私の強み」を宣言し、そのあとすぐにそれが発揮された過去の出来事を挙げましょう。その上で、これからどのようにその強みを生かしていくつもりかを具体的に説明しましょう。ポイントはそれらがきちんと結びついた「ストーリー」にすることです。

もう少し長く ←→ もう少し短く

練習に耐えてきた。

この精神力は、三〇代で始めたフルマラソンでさらに鍛えられた。マラソンでは、自分に打ち勝ちゴールすることが目標となったが、途中でやめたいと思った時でも、最後まで諦めずに練習を重ね、今までに五回の完走を果たしている。

今後、私は「職場」というフィールドで、係長という立場で、自分の強みを発揮していきたい。つねに上長と「報・連・相」を行い、自分の職務権限を意識しながら、部下の動きを把握して、チームの一員として働く。そして、困難な問題に直面しても、誰にも負けない「精神力の強さ」という自らの強みを活かしながら、周囲と協力しあって問題を克服し、当社の発展に貢献していく所存である。


この部分をもう少し具体的に予想してくわしく書けるとさらによくなります。

こうすればもっとよくなる

最後の段落をもう少し具体的に書き込みましょう。昇格後、自分が係長としてどのように職務を果たしていくか、もっと具体的に予想して、自社の状況を踏まえて書きましょう。

課題4
作文・テーマ
抽象的な問題

「道」

（六〇〇字程度　七〇分）

入試　就職

「私の住んでいる家の前は、昔は狭い路地だった。車の往来も少ない。この路地が、近所の人々の共同スペースのようなものだった。
子どもたちは学校から帰ってくると、いつもその路地で遊んでいた。もちろんのこと、私も友達と一緒に暗くなるまで遊んでいたものだ。鬼ごっこ、カンケリ、なわとび……。サッカーをするときは、その路地はサッカーグラウンドに早変わりした。子どもたちにとっては、何でもできる遊び場だった。
親にとっては、井戸端会議の場所でもあり、互いの家族を呼んでのバーベキュー大会の会場さえなった。洗濯物を干す

全体

この問題には「私にとっての」をつけて考えていないため小論文の「答案」になっていません。なまじ文章力があるため、可もなく不可もない随想になってしまいました。

この問題のテーマに「私にとっての」をつけて考えてみましょう。つまり今回は「私にとっての道」というテーマで書くべき内容を考えるのです。そうすれば、書くべき内容がある程度予想できるでしょう。他の抽象的なテーマに比べると比較的簡単に予想がつくのではないでしょうか。

また、この文章は就職試験用の小論文の「答案」であることを忘

「私にとっての」という視点が欠けているため、小論文の「答案」ではなく気楽な“随想”になってしまいました。

家庭もあった。つまり、親にとっても、何でもできる場所だったのだ。

　私が中学校に入るころ、区画整理があり、その路地は立派な道路となった。街路樹が植えられ、車の通行量も劇的に増えた。車をもっている家庭にとっては便利にはなった。しかし、遊び場としての道ではなくなった。当然、親たちにとってもだ。（以前のような場所ではなくなった。）新しく引っ越してくる家族も多かった。（しかし）昔ほど、親密なつきあいではなくなってしまった。

　「道」と聞くと、昔あったあの路地を思い出す。都会にはない、田舎だけのもつ暖かい（温かい）雰囲気の道。（体言止めは多用しないほうがよいでしょう。）どこもかしこも舗装されてしまっている現代には、そのような路地はなくなってしまったのだろうか。それとも、今でも、そのような道はどこかに残っているのだろうか。

れないようにしましょう。

　つまり、「私は志望する会社にとって有益な人材であり、採用されるべき人物である。」とアピールするためにこの文章を書くのです。具体的には今までいかに自分の「道」を見つけそれを歩んできたか、そしてこれから進む「道」でいかに頑張るつもりであるかをきちんとアピールしましょう。

課題4
作文・テーマ
抽象的な問題

書き直し答案

「道」

道は、親が敷いてくれていた。中学校も、高校も親の言うとおりにした。大学には、推薦ですんなりと入れた。親の敷いてくれた道を、私は何も疑うことなく歩いていた。

大学進学の決まった私に、親は「これからは自分ですべてを考え、行動しなさい」と言った。予想外の言葉だった。自宅からは通えることになったものの、すべての学費や生活費を自らで稼ぎ、その収入で生活することになった。

ここも「親の敷いてくれた道」を歩いている印象を与える可能性アリです。

自ら稼ぎ、生活することはとても大変だった。遊ぼうにも、収入を得るためのアルバイトで手一杯になり、なかなか余裕を作ることもできない。いったい自分は何のために大学に入

入試　就職

POINT 「道」という抽象的なテーマも「私にとっての道」と考えることで、書く内容をある程度限定することができます。今回の書き直し答案は大学時代に自分で「道」を切り開いた経験を中心にまとめることで「答案」になりました。ただし、もうすこし経験を具体的に書き、そして就職試験という性格上、「これからの道」についても書いたほうがよかったでしょう。その点が惜しまれます。

こうすればもっとよくなる

大学時代に自分の「道」を自分で作る経験をしたことが、この答案の核になってい

ったのだろうかと思う毎日だった。
ところがそんなある日、自分の生活はいかに充実したものであるかということに気づいた。友人の「おまえは忙しそうにしているけれど、俺よりもずっと充実している」という言葉がきっかけだった。大学にいるときは勉強に打ち込み、アルバイトでは責任のある仕事を任され、その間を縫って友人と遊ぶ。たしかに忙しいものの、自分のやりたいことをやれる喜びは、なにものにも替え難かった。

もう少し具体的に述べるともっとよくなります。

これからは、大学時代よりももっと大変な「道づくり」が待っていることだろう。しかし、自分で自分の道をつくりあげる喜びを知っている今は、将来が待ち遠しい。苦労したぶん、得られる喜びも大きくなるだろうから。

ここも、もう少し具体的に書きましょう。

ます。おかげで、最初の随想風の文章から小論文試験用の「答案」になりました。

改善するとすれば、

(1)大学時代の経験をもう少し具体的に書く。

(2)これから自分が進みたい「道」についても具体的に書く。

ともっとよくなったでしょう。

例えば(1)に関していえば、「アルバイトでは責任のある仕事を任され」と書くならば、どのような仕事内容で、どうして責任重大なのかを書くとさらによくなりました。

また、(2)に関していうと「大学時代よりももっと大変な「道づくり」が待っていることだろう」というならば、どのような「道」づくりが予想され、それをどのように作っていくつもりかを述べるべきです。そうすることで、さらにあなた自身のやる気と熱意をアピールすることができるでしょう。

課題5
論文・テーマ
自由記述①

「食品を介して感染する疾病の対策について」

（八〇〇字程度　九〇分）

入試　就職

「社会的文脈」の引用が長すぎます。

はっきり「食品を介して感染する疾病の一つに食中毒がある」と最初に書きましょう。

人は植物のように光合成ができない。人は食べ続けなければ生きていく事《こと》ができないのだ。この宿命がゆえ、人は食中毒という危険と常に隣り合わせにいる。わが国での食中毒患者は、過去四十年の間三〜四万人の間を推移しており、減少の傾向を見せていない。我々日本人はこの事実をどのくらい知っているのだろうか。

我々は、日本の食は安全であると過信している。この事《こと》は我々消費者だけに限らない。生産者もまた、過信していた。以前起こった食品会社の食中毒事件をはじめとする不祥事は、その事《こと》をまざまざと見せつけた事件だった。この事件は、食品業界全体のみならず、日本全体の食に対する過信の末に起きたものだといえる。その後、食品業界に対する消費者の目は厳しくなり、行政の側も管理体制を整えつつある。

全体

この答案の問題点は、『引用』に何について述べるのかの宣言が抜けている」と「対策が不十分」の二点です。

この試験の課題は、「食品を介して感染する疾病の対策について」です。つまり、食中毒そのものを指しているわけではないのです。ですから、最初に「食品を介して感染する疾病の一つに、食中毒がある」と述べる必要があります。

また、対策としては、企業の側での対策として「情報公開」が挙がっていますが、その他にも衛生管理について述べなくてはなりません。なぜならば、消費者の側の

しかし、我々はいつまでも人任せにしてはいけない。食に対する意識を高く持ち続ける必要があるのだ。

我々は、食中毒事件が発生し大々的に報道されたときは食に敏感になるものの、時が経つと関心が薄れていってしまう。それは食品業界も同様である。両者が常に緊張感を持ち続けるためには、どうすればよいのだろうか。

（一番重要な問題提起が出てくるのが遅すぎます。）

企業はもっと情報公開を徹底して行うべきである。そのような法律の整備も求められる。そして、我々もその情報の収集を怠らず、家庭でもできる食中毒対策を学び、実践する必要がある。例えば、毎日、調理器具の消毒、殺菌を心がける事《こと》や、鮮度の落ちた食品を食べない事《こと》なども有効であろう。家庭や企業で簡単にできる事《こと》が、食中毒を減らす事《こと》につながる。我々は小さな努力から始める必要があるのだ。

（＊1もっと具体的に述べましょう。）

近年の飛躍的な国際化に伴い、年々輸入食品が増えている。それに伴い、新興感染症など様々な問題が浮上しており、食中毒を完全になくす事《こと》は不可能に近い。しかし、我々の努力で、食中毒を限りなくゼロに近づける事《こと》は十分可能なはずである。

対策として、「情報収集」と「衛生管理」の二つを挙げているからです。企業の側でもそのことを述べないと、バランスが悪くなってしまいます。

引用の部分が長いので、そこをもっと短くすれば以上の二点について書き加えることができます。

＊1

企業の情報公開は、なんの情報を公開するのかが書いてありません。そのこともくわしく述べたほうがよいでしょう。

課題5
論文・テーマ
自由記述①

書き直し答案

「食品を介して感染する疾病の対策について」

入試 就職

このように端的に書きましょう。

食品を介して感染する疾病のひとつに食中毒がある。わが国での食中毒患者は、過去四十年間三～四万人の間を推移しており、減少の傾向を見せていない。我々日本人はこの事実をどのくらい知っているのだろうか。

我々は、日本の食は安全であると過信している。このことは我々消費者だけに限らない。生産者もまた、過信していた。以前起こった食品会社の食中毒事件をはじめとする不祥事は、そのことをまざまざと見せつけた事件だった。この事件は、食品業会全体のみならず、日本全体の食に対する過信の末に起きたものだといえる。その後、食品業界に対する消費者の目は厳しくなり、行政の側も管理体制を整えつつある。

しかし、我々はいつまでも人任せにしてはいけない。食に対する意識

POINT この課題もテーマ型の論文型小論文です。ところが最初の答案は、最初に論述の範囲をきちんと限定していなかったために、焦点のはっきりしない、主張がぼやけた答案になってしまいました。最初に論述の範囲をきちんと限定した書き直し答案と見比べて、論述の範囲を限定することがいかに大事かを確認してください。

ある程度改善されましたがまだまだです。
もっと具体的に書きましょう。

を高く持ち続ける必要があるのだ。

我々は、食中毒事件が発生し大々的に報道されたときは食に対して敏感になるものの、時が経つとその関心が薄れていってしまう。それは食品業界も同様である。両者が常に食に対して緊張感を持ち続けるためには、どうすればよいのだろうか。

行政や企業は衛生管理を徹底し、衛生管理の状態をもっと公開すべきである。そのような法律の整備も求められる。そして、我々もその情報の収集を怠らず、家庭でもできる食中毒対策を学び、実践する必要がある。例えば、毎日、調理器具の消毒、殺菌などを心がけることや、鮮度の落ちた食品を食べないことなども有効であろう。家庭や企業で簡単にできることが、食中毒を減らすことにつながる。我々は小さな努力から始める必要があるのだ。

近年の飛躍的な国際化に伴い、年々輸入食品が増加している。それに伴い、新興感染症など様々な問題が浮上しており、食中毒を完全になくすことは不可能に近い。しかし、我々一人一人の知識と注意で、食中毒を限りなくゼロに近づけることは十分可能なはずである。

こうすれば もっとよくなる

この答案では、消費者、行政、企業の三者について、それぞれ対策を述べています。「我々」という語を、消費者も行政も企業もすべてを含んでいると考えているのです。ただ、三者すべてについて言及することは、逆にいえば論の深さが浅くなってしまうことにもなりかねません。その点には注意しましょう。

また、どれか一者に絞って書くこともできます。その時は、対策をさらにくわしく述べる必要があるでしょう。例えば、企業の「衛生管理」「情報公開」について、さらにくわしい説明を加えればよいのです。この場合は、他の二者について何も述べないですませるよりも、ある程度は言及しておいたほうがよいでしょう。

課題6
論文・テーマ
自由記述①

「現代の飽食について」

（六〇〇字程度　七〇分）

入試　就職

私が考えるに、現在、私達《たち》の生活は大変豊かな暮らしになっていると思う。物が不足していた時代から見ればまさに夢のような暮らしである。

「私が考えるに…」「〜と思う」は使わないようにしましょう。

同様に、食事に関してひもじい思いをする人はあまりないだろう。今日は何を食べようか自由に選ぶことができ、食べたいときに好きなだけ食べればいい。嫌いなものは食べ残したところで咎める人はあまりいないだろう。

しかし、健康のことを考えると好きなものだけを食べるわけにもいかず、病気のために食事を制限しなければいけない時もある。

全体

この答案には、主張が多すぎます。主張が多すぎると、結局何を主張したいのかが不明確になってしまいます。

たった六〇〇字という制限字数の中で主張の明確な論文を書こうとしたら、メインの主張は一つに絞るべきです。そのメインの主張を核として、その他の部分をそれを支えるために使うのです。

具体的には、以下の流れに沿って書き直すことになります。

▽「引用」→「飽食」に関する社会的文脈を引用する

例…日本が豊かになってから、ずっと日本人の「飽食」が問題と全体に主張がありすぎて、何がいいたいのかはっきりしません。

主張① 健康を維持するためには栄養のバランスを考えた食事をすることが望ましい。野菜を多く採り、甘い物は控えたり、いろいろと調整するために栄養の知識も必要になる。栄養を採る採り方もさまざまだ。ビタミン剤~~とか~~やドリンク剤~~とか~~などで気軽にいつでも栄養補給することができる。何でもたくさんあるということは、人を安心させる。しかし、いつまでもこの状況が続くとは限らないのではないだろうか~~と思うこともある~~。不要です。主張② 何でもたくさんあるからこそ、その中で本当に必要な物は何であるかを見極めることが大切である。流行や情報に人々は流されやすい。主張③ 流されないためにもまず、自分自身を知ることが基本ではないか。主張④ 自分に必要な物、そうでない物を区別し、選んでいくことで、この豊かな時代が続かなくても、不安にならずに生きていけるのではないか~~と思う~~。不要です。

なってきた。例えば……

▽「判断」↓「引用」部分の社会的状況に対して、自分がどう思うか（この部分が一番主張したいこと）

例…このような状況に対して今後我々はどう対処したらよいだろうか。我々は何でもたくさんあるからこそ、その中で本当に必要な物は何であるかを見極めようとするべきであろう。

▽「根拠」↓「判断」で自分が主張したことの「根拠」を挙げます。

例…何でもあるからといって、そのすべてが自分に必要なわけではない。……

課題6
論文・テーマ
自由記述①

書き直し答案

「現代の飽食について」

入試　就職

社会的文脈の引用

現在、私たちの生活は大変豊かな暮らしになっている。物が不足していた時代から見ればまさに夢のような暮らしである。食事に関しても同様だ。

しかし、そのことが逆に「飽食」という状況を引き起こしている。食べたいものを食べ、食べたくないものは捨ててしまう。売れ残りの食品はそのまま廃棄処分となり、もったいないと思いつつもそのままゴミとなってしまう。

メインの主張は一つだけ！

このような現状に対し、我々は今後、「本当に必要な食」ということを見つめ直す必要がある。

何でもたくさんあるということは、人を安心させる。しか

POINT
論述範囲を限定することと同じく、主張を限定することも非常に大事です。六〇〇字程度の小論文の場合、「メインの主張は一つ」と覚えておいてください。この課題の最初の答案には主張が四つも入っています。主張を一つに絞った書き直し例と比べて、主張を限定することがいかに大事か確認してください。

根拠

し、いつまでもこの状況が続くとは限らない。日本の食糧自給率は先進国の中でもかなり低い。もし、何らかの理由で食糧の輸入が途絶えたら、とたんにこれまでのような飽食など続けられるわけがない。いくら、輸入が途絶えることが夢のような話であっても、十分に起こりうることなのだ。

自由に食べるものが選べるのだから、その中から、「本当に必要な食」を見つけださなくてはならない。食べる必要のない料理は、ただの無駄である。

まとめ

「もったいない」という観点からも、そして、「健康」という観点からも、食に対する見直しが進んでいる。この流れをいっそう推し進め、「本当に必要な食」を中心とした食文化を築く必要があるだろう。

こうすれば もっとよくなる

「飽食」というと、やはり「よくない」という意見になることが多いでしょう。それはそれでかまいません。ただし、短絡的な意見や、感情的な意見にならないように注意してください。「食事も満足に食べられない人もいるんだ。それなのに無駄に食べるのは許されない！」といった内容だけでは、根拠に乏しいのです。冷静に根拠を挙げていく必要があります。

逆に、「飽食の何が悪いのか」という判断で書くことも、練習にはいいかもしれません。こちらも同様に感情的にならず、説得力のある根拠を挙げて書けば、思考の訓練にもなります。

課題7 論文・テーマ 自由記述②

できるかぎり多くの高齢者が健康で生き甲斐を持って社会参加ができるためには、何が必要であるか

（七〇〇字程度　八〇分）

入試　就職

高齢者が社会参加するためには、周囲の人の意識や受け入れの態勢、また地域ごとの福祉施設や制度を整えることが不可欠である。

判断①　判断②　判断
まとめてしまったほうがよい。

具体的には地域センターで高齢者が生きがいを見つけられるような各個人に合った仕事、ボランティア、サークル活動などを紹介する。人間は周りから必要とされることで、「自分には役割がある。社会の一員だ。」と実感できるものである。それらの役割を奪ってしまうと、できることまでできなくなっていってしまう。一人一人が持つ能力をよく見極め、それを最大限に引き出すこと、そして高齢者が自立する気持ちを

根拠①（判断①に対するもの）

全体

この答案は、自らが述べた判断と具体例がかみ合っていません。

問題に対する判断として、次の二点が挙げられています。

高齢者が社会参加するためには、

(1)周囲の人の意識や受け入れの態勢、

(2)地域ごとの福祉施設や制度を整えることが不可欠である。

そして、その具体例として、次の二点が挙げられています。

①地域センターで高齢者が生きがいを見つけられるような各個人に合った仕事、ボランティア、サークル活動などを紹介する

②周囲の人が積極的に高齢者とふ

判断②に対する根拠が挙げられていません。

常に失わないように支えていくことが重要である。
　また周囲の人が積極的に高齢者とふれあおうとすることが大切である。例えば、お年寄りから料理や裁縫など教えてもらおうとするのもよいし、人生経験の豊富なお年寄りに、子育てや家庭の悩みを相談するのもよい。これらは高齢者~~的に~~（にとっては）~~は~~仕事となり、立派な社会参加である。さらにこのような世代を超えた人との交流というものは、核家族化が進む今日、双方にいい影響をもたらすだろう。

根拠②（判断①に対するもの）

　高齢化が進む現代、高齢者の膨大なパワーを活かしきれないのであれば、高齢者自身のみならず、社会にとっても大きな損失となる。（私たちは）今後急ピッチで地域福祉を推進し、整備していく必要がある。そして何よりも高齢者自身と周りの人間の意識を高め、地域一体となり、人と人との絆を深めていくことが望まれる。

心構え的なものだけでは根拠として弱いです。

れあおうとすることが大切である
　この両者を比べてみると、(1)の例として①、②がありますが、(2)の例は何も挙げられていません。つまり、判断と具体例とがうまくかみ合っていないのです。
　そこで、判断を片方だけに絞り、さらに、根拠をもっと整理して一つの流れを作るべきです。

課題7
論文・テーマ
自由記述②

書き直し答案

できる限り多くの高齢者が健康で生き甲斐を持って社会参加ができるためには、何が必要であるか

入試　就職

ずいぶんすっきりしました。

高齢者が社会参加するためには、周囲の人の意識や受け入れの態勢を整えることが不可欠である。具体的には、高齢者の活躍の場を提供するため、地域の施設などで各個人に合った仕事、ボランティア、サークル活動などを紹介するとよいだろう。これにより、多くの効果が期待できる。

まず第一に、高齢者の持つ能力を引き出し、またそれを活用することができる。何か役割を持ち、社会に参加するということは、お年寄りに自信や自立心を与える。またその一方で、高齢者のもつ膨大なマンパワーは、社会にとっても重要である。

また、地域住民とのふれあいも期待できる。例えば、お年寄

POINT
テーマ型の論文タイプ小論文です。このタイプの小論文を書くときは、いかに論じる範囲を限定するかがポイントになります。今回の課題は、すでに「できる限り多くの高齢者が健康で生き甲斐を持って社会参加できるためには、何が必要であるか」と設問で問題提起がなされているので、そのことに絞って書くようにします。

せっかく判断がすっきりしたのにまとめが元のままではもったいない。
新しい判断にあわせて書き換えましょう。

りから生活の知恵や技術を習ったり、子育てや家庭の悩みを相談したりということは、双方にとって、得るものが大きい。核家族化が進み、地域のつながりが希薄である今、お年寄りと世代を超えた関わりあいを持つことは、地域の子どもたちや家族関係に、よい影響をもたらすのではないだろうか。

さらには、活動を通じ、逆に、高齢者に関わる人々が、高齢者の健康状態を把握することができ、適切な医療や福祉につなげることができる。

このように、高齢者が活躍する場が広がり、多くの交流が生まれることは、高齢者自身や周囲の人々、また社会にとって大きな利点があるのだ。だからこそ、私たちは今後急ピッチで地域福祉を推進し、整備していく必要がある。そして何よりも高齢者自身と周りの人間の意識を高め、地域一体となり、人と人との絆を深めていくことが大切である。

このように「一段落一義」を心がけましょう。

こうすればもっとよくなる

自分がこれまでに書いてきた答案のなかから、同じような内容や表現が使えるかどうかを常に気に留めておきましょう。持ちネタが多くなればなるほど、答案を作りやすくなります。これを、「ネタの転用」といいます。

ただ、ネタを使いたいからといって、問題から外れた内容を書くことにならないよう、十分に気をつけましょう。持ちネタを使いたいがために、問題を忘れてしまうことがよくあるのです。「うまくいった」と思ったときこそ、もう一度「問題に答えているか」「それが適切な例なのか」ということを確認しましょう。

課題8
論文・テーマ
設問応答

あなたの考える「東日本大震災の教訓」は何か。それを風化させずに今後に活かすために消防署員として何をするつもりか
（六〇〇字程度　六〇分）

入試　就職

冒頭に置きましょう

二〇一一年三月一一日に発生した東日本大震災は、地震とそれに続く巨大な津波により、たとえば、宮城県石巻市の大川小学校では児童の七割が津波にさらわれて命を落とすなど大きな被害を引き起こした。

しかし、その一方で岩手県釜石市では、普段から「津波てんでんこ」という言葉に象徴される津波に対する防災教育を施していたため、津波で命を落とした児童生徒はほとんどいなかったという。

このように、しっかりとした防災教育と、防災訓練を施すことで、災害による被害を最小限に食い止めることも可能なのである。

全体

内容は悪くないのですが、もうすこし設問の要求にきちんと答えているのが分かるように表現しましょう。

設問は、「あなたの考える『東日本大震災』の教訓とはどのようなものか」と聞いていますので、前半の冒頭は、「東日本大震災の教訓とは、…」ではじめます。

そして後半は、「それを風化させずこれから起こりうる大規模災害に生かすために、あなたは消防署員としてどのように行動するつもりか」と要求していますので、「この教訓を風化させないためにも、今後私は…」と書き出してください。

ここから言える東日本大震災の教訓とは、防災対策は建物の補強などハード面と同等かそれ以上に、防災教育などソフト面を充実させるべきである。

そして、この教訓を風化させないためにも、今後私は消防署員として、地域の学校や公共機関に出向いて防災の大切さを説明したり、地元企業や自治体本部との連携を密にして、より実践的な訓練を行います。

地域住民に対する防災教育は、地域の学校や公共機関に出向いて防災の大切さを説明する。その際は、なるべく分かりやすく説明し、自らの身は自らで守ることの大切さを説くつもりである。

また、防災訓練の時はより実践的な訓練を行うために尽力したい。それが私が消防署員として東日本大震災の教訓を風化させないためにできることである。

※もう少し具体的に

課題8
論文・テーマ
設問応答

書き直し答案

あなたの考える「東日本大震災の教訓」は何か。それを風化させずに今後に活かすために消防署員として何をするつもりか

入試 就職

※最初に設問の要求に端的に応えます

私の考える東日本大震災の教訓とは、防災対策は建物の補強などハード面と同等かそれ以上に、防災教育などソフト面を充実させるべきである、ということである。

二〇一一年三月一一日に発生した東日本大震災は、地震とそれに続く巨大な津波により、大きな被害を引き起こした。たとえば、宮城県石巻市の大川小学校では児童の七割が津波にさらわれて命を落としてしまった。

しかし、その一方で岩手県釜石市では、普段から「津波てんでんこ」という言葉に象徴される津波に対する防災教育を施していたため、津波で命を落とした児童生徒はほとんどいなかったという。

POINT 作文タイプよりの論文タイプの小論文で設問応答の問題になります。まず設問の要求通り、「東日本大震災の教訓」を提示し、そのあとすぐにその根拠を具体的な事例を挙げて説明しましょう。その上で、自分が消防署員としてどのように働くつもりか、前半との関連性を保って具体的に書いてください。

※何を説明するかもう少し具体的に書きましょう

このように、しっかりとした防災教育と、防災訓練を施すことで、災害による被害を最小限に食い止めることも可能なのである。

そして、この教訓を風化させないためにも、今後私は消防署員として、地域住民に対する防災教育に積極的に関わりたいと思う。

たとえば、地域の学校や公共機関に出向いて防災の大切さを説明し、具体的な身の守り方を指導する。その際は、なるべく分かりやすく説明し、自らの身は自らで守ることの大切さを説くつもりである。

また、防災訓練の時も地元企業や自治体本部との連携を密にして、より実践的な訓練を行うために尽力したい。それが私が消防署員として東日本大震災の教訓を風化させないためにできることである。

※後半も端的に応えてから
くわしく説明しましょう

こうすればもっとよくなる

最後の段落をもう少し具体的に書き込みましょう。実際に住民の方々にどのような教育を行うべきか、もっと具体的に予想して、くわしく書きましょう。

課題9
論文・資料付
自由記述①

文章を読み、「地球環境と生活」に対するあなたの考えを述べなさい

（七〇〇字程度　九〇分）

入試　就職

資料文

生物は環境を変えずには生きていけない。これはすべて生命あるものの性（さが）である。微生物が地球大気の化学組成を変えはじめた二〇億年前から、このことは少しも変わっていない。

人類にしても事情は同じだ。狩猟、採集、森林の伐採、湿地の干拓、植樹、ダムや工場や都市の建設、川の汚染、荒野への鉄道の敷設、同じようなことをわれわれはたえず繰り返してきた。しかし、人類がこの地球に登場してからの数百万年は、人為的な環境汚染は個別に見られたにすぎなかった。渓谷や河川が汚染されることはあっても、地域単位のごく限られた範囲での話だった。人類が環境を変えるといってもその規模は知れたもので、地球をかたちづくった自然の力に比べればまるでお話にならないと思われてきたのである。

ところが状況は一変してしまった。二〇世紀とは、人類と地球の関係が新たな段階に入った、まさに「転換の世紀」である。科学技術に備わった未曾有の力が、地球上に暮らす人間の増加と相まって、環境変化の規模を地域単位から地球全体へと変えてしまった。そして地球の生命システムはすっかり様変わりしつつある。この一大変化は、地球規模の壮大な実験といってもよい。それは、人類をはじめ地球上の生き

とし生けるものすべてを、知らず知らずのうちに巻き込んだ実験だ。
　オゾンホールや精子数の激減が、事態の深刻さを物語っているとすれば、果たして人類に未来はあるのだろうか？　科学技術が将来引き起こす問題を予想する手立てはあるのだろうか？　かりに市場からホルモン作用撹乱物質を一掃したとして、それにとって代わった物質が向こう三〇年間、厄介な問題を引き起こさないという保障はどこにもないはずだ。また子どもと環境を巻き込んだこの実験に終止符を打つ手立てが本当にあるのだろうか？　この実験は、二〇世紀という時代のお墨付きを得ているというのに。また、こうした身の毛もよだつほどの脅威は、健康、快適さ、便利さの代償なのだろうか？　いわばそれは、かのファウストが悪魔と取り交わした契約の現代版なのだろうか？

　これまでの経験からみても、厄介な問題が新たに持ち上がってくるのは一世代先のことだろう。そうなれば、意外な事実が明らかになるはずだ。三〇年もたてば、人類も地球生命系をおびやかす深刻な問題を解決しようと躍起になっているかもしれない。これから先、たぶん問題になってくるのは土壌だろう。土壌は生命維持システムの中でも、いちばん軽んじられてきた対象だ。無数のバクテリアや菌類、それに昆虫によって支えられている栄養素のリサイクルという土壌の働きが、著しく損なわれるようなことにでもなれば、重大な結果が訪れるだろう。ただはっきりいえることは、その場合にもち上がってくるのは、それまでまったく考えもしなかった未知の問題だということである。唯一確かなことは、常に思いがけないことが起きるということなのだ。

資料文

悲観主義や反科学主義からこのようなことをいうのではない。これは、地球規模の実験にあって、予測も安全対策もままならぬおのれのふがいなさと無知とを思い知らされた上での結論なのだ。われわれが直面しているジレンマは簡単にいえば、「地球には、将来の青写真もなければ、仕様説明書も付いていない」ということだ。この実験で大量の合成化学物質を散布したとき、人類は、人智が及ばないほど複雑なシステムをいじくり回すことになってしまったのである。オゾンホールやホルモン作用撹乱物質の経験が教訓になるとすれば、それはこんなふうにいい表せるだろう。「人類は未来へ向けて猛スピードで飛んでいるが、それは無視界飛行にすぎないのだ」と。

高度な技術力と生命維持システムについての貧弱な知識。そもそもいま問題となっている危機は、こうした人類のバランスを欠いた能力が招いた結果だ。目も眩むような速さで次々と新たな技術を開発し、それを前代未聞の規模で世界中に広げていく。地球や人体への影響が問題にされるのは決まって、それから随分たってからのことなのだ。人類はこれまで、ただやみくもに未来への道を突っ走ってきた。科学技術の本質については、無知そのものであるという自覚すら一切もたずにである。

このいかにも傲慢な発想はたぶん人類の性(さが)なのだろう。古代ギリシャ人はこれを「ヒュブリス」と呼んだ。これまで人類は、未知の対象に果敢に挑んできた。勝敗は、五分五分というところだった。成功もあれば、破局もあったというわけだ。ところがいまや、状況はそれほど甘くはなくなっている。つまり、ひとたび過ちを犯してしまえば、目を覆わんばかりの大悲劇を招いてしまうおそれが出てきているのだ。いまや人類の活動の場は、村を中心とした一地域にとどまらない。それはなんと、問題の実験を通して、地球規模にまで拡張されてしまったのである。

　未来への道行きで肝に銘じねばならないのは、人類がいままさに無視界飛行中であるという事実だ。人類はいま、地図ももたず、何の誘導もないいままに霧をかき分けて飛んでゆかねばならない。この場合、科学者はたいして頼りにならない。信頼の置けるレーダーシステムを開発できるわけでもなく、自ら操縦席に陣取り、窓越しに前方を睨んでは、「危険な障害物はないか」と常にハラハラしているというのが科学者の実情なのである。「前方にかすかに見える黒いかたまりは、雲の堤かもしれない。いやまてよ、山かもしれないぞ」科学者に聞いても、返ってくる言葉というのはせいぜいこの程度のものだ。

　では、何かよい手立てはあるのだろうか？　早々に飛行を中止して、地上に降り立つ必要があるのだろうか？　それとも、ただ飛行速度を落とすだけでよいのだろうか？

　あるいは飛行を中止するにはおそろしく経費がかかる上に混乱を招くことを考えれば、このまま全速力で飛び続けるほうがよいのだろうか？

（シーア・コルボーン、ダイアン・ダマノスキ、ジョンピーターソン・マイヤーズ著　長尾力訳『奪われし未来』（翔泳社）より抜粋　赤字部分は著者）

課題9
論文・資料付
自由記述①

解答例

文章を読み、「地球環境と生活」に対するあなたの考えを述べなさい

入試　就職

資料文をきちんと引用していません。

*1
生物が環境を変えずには生きていくことができないというのは、大昔から変わっていない。しかし、「転換の世紀」である二十世紀は、化学〔科学〕技術が加わり、環境変化の規模を地域単位から地球全体へ変えたのである。結果的に、自分たちの便利な生活の為に生態系のバランスを崩し、地球そのものを破壊しようとしている人類の傲慢な無責任さを述べている。

誰がどのように述べているか不明です。「引用」をきちんと行わない結果です。

確かに、今まで人類は文明の発達の為にやみくもに化学〔科学〕技術を利用してきたといえる。そして、河川や大気の汚染、オゾン層の破壊など様々な問題を引き起こしてきた。私たちにとっての良い生活とは、良い環境の中で営むものであり、おいしい水や空気そして、美しい自然の中での心の解放、全部が揃っては

主張①

全体

今回の答案にある判断は、あまりにも優等生的すぎます。答案の中には複数の主張が含まれており、しかもそれぞれが「たしかにその通り」で終わってしまうものなのです。

判断がそれぞれ優等生すぎ、しかも、根拠も十分に挙げられていないと、答案に説得力が生まれません。ですから、この中のいずれかだけに論を絞り、内容をもっと深くするべきです。

また、具体例を入れることも必要です。まずは、どの判断がもっとも論を展開しやすいかを考え、そのうえで、どのような根拠を挙げられるのかをあわせて考えてい

主張が多すぎて何を一番いいたいのかはっきりしません。

じめて健康な生活が送ることができる。故に、地球環境を破壊してまで自分たちの便利さを追求することは、間違いであり、無意味である。

　一方で、リサイクルやエコロジーという言葉をよく耳にする。両者とも目的は、地球環境の保護である。このように、私たちの生活を便利に保った上で更に、地球環境にも着目しようとする技術は実に画期的であり、私たちの生活と環境が密接に関係していると考えた結果生まれたのであろう。（主張②）この方向で技術を高めていくことが未来へつながっていく道であろう。

　私たちは地球に生きている以上、自然や他の生物と共存していかねばならない。（主張③）その中で生態系のバランスを崩さないような化学《科学》技術を持つことが必要である。何故なら、今の人類にとって便利な生活と美しい地球環境どちらも失ってはならないものだからだ。

きましょう。

　逆に、この中のいくつかの判断を組み合わせて書くこともできます。その場合は、それぞれの判断に当てはまる共通の根拠を挙げるか、順々に論を組み立てていくことによって、それぞれの判断につながりをもたせるようにすればよいでしょう。

＊1　引用が正確になされていません。問題文から正確に引用しないといけません。

課題9
論文・資料付
自由記述①

書き直し答案

文章を読み、「地球環境と生活」に対するあなたの考えを述べなさい

入試　就職

筆者は、科学技術の現状を無視界飛行にたとえて、「早々に飛行を中止して、地上に降り立つ必要があるのだろうか？　それともただ飛行速度を落とすだけでよいのだろうか？　あるいは（中略）このまま全速力で飛び続けるほうがよいのだろうか？」と述べている。

このように引用しましょう。

確かに、今まで人類は文明の発達のためにやみくもに科学技術を利用してきた。その様子はまさに「無視界飛行」の名にふさわしい。では今後、私たちはその技術をどのように利用していくべきなのであろうか。

問題提起

当然、今までの自然を破壊する科学のスタイルを改め、自然と共存するスタイルに直すことが必要だ。つまり飛行の「速

判断

POINT

資料読みとり型の論文タイプ小論文です。前ページの答案はきちんと引用をせず、印象をもとにして書いたため、非常に優等生的で没個性な答案になってしまいました。前ページの答案と、きちんと引用を行い一つの主張を具体的な根拠を挙げて行った書き直し答案を比べると、いかに「引用」「判断」「根拠」を意識して答案を書くことが大事であることがわかると思います。

こうすればもっとよくなる

まとめ　根拠

度」が問題なのではなく、飛行の「進路」が問題なのである。

たとえば、環境に優しい電気自動車の開発は、高度な科学技術がなければ成り立たない。このような自然と共存するための科学技術はどんどん「速度」を上げて開発するべきであろう。同様に微生物によって分解され、最後は土に還るプラスチックの開発、二酸化炭素を生み出さない太陽発電や風力発電なども、どんどん「速度」を上げて開発するべき科学技術である。要は、今までの「人間の快楽を求めるための技術開発」から、「人間がこの地球上で生き残っていくための技術開発」に力を入れるべきなのである。

私たちが忘れてはいけないことは、我々は地球に住まわせてもらっているのであり、自然と共存していかなければならないということである。その上で、自然と共存するスタイルの科学を早急に確立しなければならない。

「科学技術」と「地球環境」について述べる問題では、ただ単に「科学技術の発展を止めるべきだ」と主張するのは問題があります。なぜならば、常に発展し続ける科学技術の進歩を止めるのは、不可能とはいわなくとも、可能性のかなり低いことだからです。もし、「それでも止めるべきだ」とするならば、かなり多くの根拠を挙げて、「止められる」ということを証明しなくてはなりません。

むしろ「止められる」とは主張せず、この答案のように他の解決策を求めるほうが無難でしょう。特に、工学部などを志望している場合、「発展を止めるべきだ」といったら、工学部を志望する意味がなくなってしまいます。単純な科学か？　自然か？　という対立で答案を書かないようにしましょう。

課題10
論文・資料付
自由記述①

資料文を読み「医師と患者のあるべき関係」について論じなさい

（八〇〇字　九〇分）

入試　就職

資料文

〈資料〉は『読売新聞』一九九九年六月五日付け投書欄の一部です。これを読み、医師と患者のあるべき関係について、あなたの考えを自由に述べなさい。なお、資料には三人の投書が載っていますが、論述にあたっては、そのすべてに触れる必要はありません。また資料を要約する必要もありません。

〈資料〉
『読売新聞』一九九九年六月五日付け投書欄

A　がん告知は患者の心を考えて…
パート　45歳　（埼玉県北葛飾郡）

親類の見舞いに行った。隣のベッドの方に会釈すると声をかけてくれた。初老の女性で、「私はがんなんです。それも末期の」という。

さらに、「医師から宣告されて…。それも淡々と…。気持ちの整理がつかなくて涙が止まらなかった」と落ち着いた表情で続けた。

びっくりした私が「告知を希望されたのですか」と尋ねると、病気の説明の中で知らされ、驚く暇もなくただ現実を受け止めるしかなかったという。

私には、気持ちの整理ができているようにうかがえたが、「涙が自然にこぼれて止まらなかった」と語った。

病院を出て考えてしまった。もし私があの患者さんと同じように、医師から突然がんの宣告を受けたとしたら。告知を希望したわけではないと、医師に涙で訴えるかも知れない。髪を振り乱して家族に当たり散らすに違いない。そして生きる力を失うと思った。

告知を希望する患者ばかりではないはずだ。医師のがん告知は患者の気持ちをよく考えて行ってほしい。

B 「すみません」となぜ言えない…

主婦 31歳 (東京都墨田区)

昨年生後三か月の長男を病気で亡くした。ところが、幸いにも今年になって再び子供を身ごもった。私は、胎児の健康状態を調べるために羊水検査を希望し、都立病院に入院した。

局所麻酔はしたものの、思ったより痛みは強かった。一回では羊水は取れなかったようで、医師は何も言わずに二度目の針を刺した。子宮に刺した針を押したり引いたりする。

「痛い。痛い」。私は汗びっしょりになってしまった。二度目も失敗。私は涙を流しながら「また刺すの」と聞いた。医師は「ええ。取れないんですよね」という。

私は、三度目を断った。強い痛みと子供への影響を考えたのだ。医師は「そうですか。では二時間安静にしていて」と言うだけだ。

大変な痛みを強いられたあげくに失敗したというのに、「すみません」の一言もない。むなしくて涙が出てきた。退院の日、迎えに来てくれた夫が「子供が無事でよかった」と言ってくれたのが救いだった。しかし、医師はその夫に「三回、四回刺してもよかったんですけど」と言った。

羊水が取れなかったことを責めているのではない。その後の対応である。医師であれ看護婦であれ、もっと患者や家族の立場になって考えてほしい。患者に「ごめんなさい」ということは、それほど難しいことだろうか。

C 省略

課題10
論文・資料付
自由記述①

解答例

資料文を読み「医師と患者のあるべき関係」について論じなさい

入試 就職

AとBの投書の共通点を挙げています。

Aの投書では「医者のがん告知は患者の気持ちをよく考えて行ってほしい」と述べている。また、Bの投書では「医者であれ看護婦であれ、もっと患者や家族の立場になって考えてほしい」と述べている。

なぜ、医療従事者は、「患者のことを考える」ということを忘れてしまうのか。それは、「慣れ」という問題がもっとも大きいのではないか。

病院に来る患者は絶えることがない。そして、病状は千差万別とはいえ、やはり同じような病気で来る人が多い。患者やその家族にしてみれば深刻な問題だったとしても、医療従事者からしてみると、患者の中の一人、と思ってしまう。初めのころは「一人一人は違う」と思っていても、慣れてくるにしたがってそのことを忘れがちである。

POINT
複数資料読みとり型の論文タイプ小論文です。このタイプの小論文のポイントは「引用」の部分で複数資料から読みとれる対立点、共通点を的確に提示することです。そこさえできればあとは他の論文タイプ小論文と同じです。その点でこの答案はA、Bの投書の共通点をきちんととらえています。

「自己の経験」では補えない部分を、友人という身近な例を出して、わが身に引きつけて主張を展開する手法もあります。

私の友人は看護婦として病院に勤めているが、どうしても「慣れ」からくるミスだけは避けられなかったとのことだ。また、同じ病気で入院している別の患者と取り違えそうになったこともあるそうだ。

そのときに彼女が救われたのは、自分のミスを正直に話し合える同僚がいたことである。お互いに犯したミスを話し合い、同じミスを防ぐにはどのようにすればよいのかなど~~を常に~~情報を常に交換していた。また、医師との間でも常に情報を交換し、「慣れ」をできるだけなくそうと努めた。その結果、ミスが減ったのはもちろんのこと、患者への応対もよりよくなった。それは、「慣れ」をなくすことで常に患者のことを考え、新鮮な気持ちで接することができるようになったからだろう。

患者から信頼される医療従事者になるためには、治療ができるだけではだめだ。患者の立場から考え、患者のことを思いやることが大切なのだ。医療従事者は技術を向上させることはもちろんだが、初心を忘れてはならない。

こうすればもっとよくなる

複数の資料があり、それをもとに答案を作る際には「資料のすべてに言及する必要があるかどうか」に気を配ってください。この問題では「すべてに言及する必要はない」と書かれていますので、答案でも投書AとBしか用いていません。

この問題で別の主張を考えるときには、資料の組み合わせを変えてみればよいでしょう。

組み合わせによって、いろいろと書くべき内容を考えられます。ひとつの意見に凝り固まり、内容の薄い答案になってしまいそうなら、他の組み合わせも考えてみるとよいかもしれません。

課題11
論文・図表付
設問応答

図表をふまえて「男女の役割」について論じなさい

（八〇〇字程度　九〇分）

入試　就職

表　「夫は外で働き、妻は家庭を守るべきである」という考え方について

(%)

	賛成(小計)	賛成	どちらかといえば賛成	反対(小計)	どちらかといえば反対	反対	わからない
女性							
20〜29歳	41.6	10.2	31.4	54.1	35.3	18.8	4.3
30〜39歳	45.8	8.9	36.9	49.3	28.6	20.8	4.9
40〜49歳	42.1	9.6	32.5	52.6	31.8	20.8	5.3
50〜59歳	52.6	18.6	34.0	45.5	27.9	17.5	1.9
60歳以上	69.7	35.2	34.4	24.6	16.1	8.5	5.7
男性							
20〜29歳	52.4	15.5	36.9	43.2	31.1	12.1	4.4
30〜39歳	62.3	13.9	48.4	32.1	23.4	8.7	5.6
40〜49歳	63.2	20.1	43.1	33.9	20.1	13.8	2.9
50〜59歳	66.7	20.1	46.5	28.8	18.6	10.2	4.5
60歳以上	71.7	38.1	33.5	24.0	16.0	7.9	4.4

資料：総理府広報室「男女共同参画社会に関する世論調査」(1997(平成9)年)

図１　夫婦の一日の家事関連時間（育児時間を除く）（週全体平均）

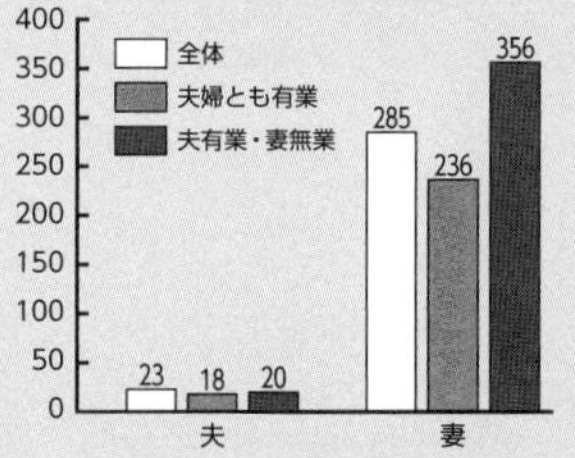

図2　夫の年齢別家事関連時間（育児時間を除く）

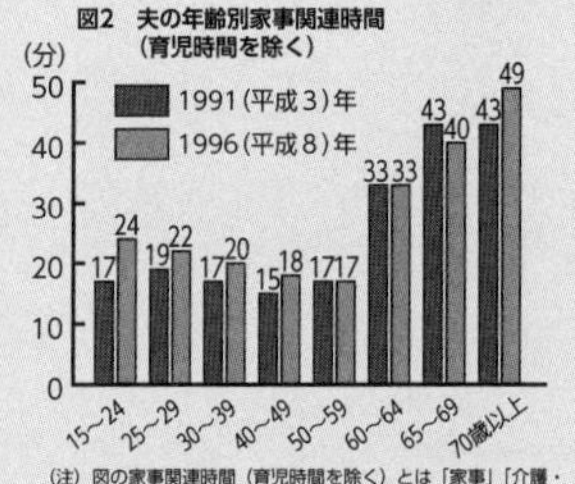

（注）図の家事関連時間（育児時間を除く）とは「家事」「介護・看護」「買い物」の時間の合計時間である。
資料：総務庁統計局「社会生活基本調査」(1996（平成８）年)
図表の出展：平成10年度版厚生白書

図表から読みとれることを書きすぎです。後ろの「判断」にあわせて整理して引用しましょう。

表から、「夫は外で働き妻は家庭を守るべきである。」という考え方には、どの世代でも、男性より女性のほうが反対が多いことが分かる。また、二〇代~~とか~~、三〇代~~とか~~や四〇代は賛成の小計よりも反対の小計のほうが高い。今、若い女性が結婚したがらない傾向にあると言われている。二〇代、三〇代の女性の反対の数の多さはそういった傾向の表れだ。また四〇代の女性の反対の多さは、子どもの養育費や学費

全体

表と図から読みとれることの部分が、ちょっと冗長な印象を受けます。確かにていねいな読みとりとはいえるのですが、もう少し整理させたほうがもっとわかりやすくなります。

なぜ、冗長な印象を受けるのでしょうか。それは、それぞれの図や表ごとに判断を下しているため「結局何をいいたいのかが後にならないとわからない」と思わせてしまうためです。

ですから、図や表の読みとりは「あくまで読みとれることを述べるべき」であり、その後に「図表を総合していえることを述べる」ことが必要なのです。

などで、働かなく~~ても~~てはならないという気持ちの表れではないだろうか。

　図1からは夫婦とも有業の場合全体的に家事時間は少ないことが分かる。その中での夫の家事時間の割合が夫有業・妻無業よりも多いことも分かる。~~だけど~~しかし、家事時間は決して夫婦平等とは言えない。

　図2での一五～四〇歳までの家事時間の増加は女性の社会進出の傾向に対しての夫の協力の表れだと考える。六五～六九歳での減少は年金の関係での定年後の再就職が関係しているであろう。全体に九一年と比べ増えている年代が多いが、どの年代にしろ図1での全体の妻の家事時間に比べると、少ないと言える。

　これらの三つを総合して言えることは、女性は働きたいという人が多いのにもかかわらず男性の協力が足りないということである。今若い女性が結婚したがらない傾向にあるのも、仕事をしたいのに結婚すると家事と仕事の両立ができないということが挙げられる。また結婚し、子どもができた後、再就職したいと思っている女性に対しても家事が大きな障害となっている。女性の社会進出~~とか~~や結婚に対しての障害をなくすためにも男性の協力が必要なのだ。例えば、だんだんと増えていると聞くが一日交代で食事を作ることなどが望まれる。また、子育てに関しては出産においては平等というわけにはいかないが夫も育児休暇をとって手伝うことや、子どもの参観日を一回ごとに交代して行くことなどもできる。男性の協力が望まれる。


主張ははっきりしています。

根拠①

根拠②

この書き方では直接的に主張を支えられません。

対策

　また、読みとりだけにかけている字数が全体の半分を超えていることも、冗長さを感じさせる原因となっています。読みとりはあくまでも「引用」にすぎません。「判断」「根拠」の部分にもっと字数を割くべきでしょう。

　まずは、読みとりの部分の構成を変え、もっとすっきりとさせる必要があります。ていねいに書くことと、コンパクトにまとめることとは両立できます。

　ただ、読みとりの部分をコンパクトにまとめると、字数がその分余ってしまいます。余った分については、対策を述べる部分に割り振りましょう。

　また、この答案に挙げられている対策は説得力を持っています。できれば、家庭のことだけではなく、社会のこともあわせて述べ、さらに説得力を持たせればなおよいでしょう。

課題11
論文・図表付
設問応答

書き直し答案

図表をふまえて「男女の役割」について論じなさい

入試 就職

読みとり部分がすっきりしました。

判断

判断を直接支える形になりました。

表や図1、図2から「夫は外で働き妻は家庭を守るべきである。」という考え方にはどの世代でも、男性より女性のほうが反対が多いことが分かる。また九十一年に比べ九十六年では、全体的に夫の家事時間は増えているが家事時間は決して夫婦平等とは言えない。

つまり、総合して言えることは女性は働きたいと思っている人が多いのにもかかわらず、男性の協力が足りないということである。

今、世間では女性も社会進出の時代だ、と言われている。若い女性が結婚したがらない傾向にあるのも、仕事をしたいのに結婚すると男性の協力が得られず、家事と仕事の両立ができないということが理由として挙げられる。また結婚し、子どもができた後、再就職したいと思っている女性、また、子どもの養育費や学費などで働かざるを得ないと思って

POINT 図表つきの論文タイプ小論文、しかも複数の図表つきです。しかし、これも課題10と同じように「引用」部分で図表から読みとれることを提示できれば、あとは他の論文タイプ小論文と同じに処理することができます。ただし、この答案は最初図表の読みとりがていねいすぎて全体のバランスが悪くなってしまいました。後ろの「判断」「根拠」とあわせて考え、必要なことだけを必要な分量だけ述べるようにしましょう。

いる女性に対しても男性の協力が得られない家事は大きな負担となっている。

個人としての協力

女性の社会進出に対しての、また結婚に対しての負担をなくすためにも、男性の協力が必要なのだ。例えば、だんだんと増えていると聞くが、食事を作ることなどを一日ごとに交代でしていくことなども望まれる。また、子育てに関しては、出産は平等というわけにはいかないが、夫も育児休暇をとって手伝うことや、子どもの参観日を一回ごとに交代で行くことなどができる。

社会としての支援

また、社会でも女性に対する配慮が必要である。今、女性の社会進出に対しての改善もなされているようだがまだまだ少ないように思える。たとえば、男性も育児に参加できるよう、育児休暇制度を充実させることが望まれる。また、女性が働きやすくなるよう、保育施設を増やしたり、サービス面でも、送り迎えをしなくてもいいように、保育施設用のバスを利用できたり、深夜仕事をする人用の専門の保育所を増やすことも望まれる。スタッフも増やすべきだ。

女性の社会進出のためには男性や社会の協力が必要なのだ。

こうすればもっとよくなる

男女平等の叫ばれる中において、この課題は当然のことながら「性別による役割分担を見直す」ことを中心に据えることになります。しかし、だからといって「男も手伝え」「女も仕事をしろ」だけでは、感情的な答案になってしまいます。「なぜ、男も家事をしなくてはならないのか」「なぜ、女も仕事をするべきなのか」ということに対して、根拠を挙げて冷静に述べなくてはなりません。

一見簡単そうに見えるのですが、その実、感情的な意見になりやすい、難しい問題であるといえるでしょう。

課題12
論文・資料付
設問応答

資料文を読み「情報化と文化の変容」について論じなさい

〈六〇〇字程度　六〇分〉

入試　就職

資料文

文化とはその国の人々の行動の規範の統合であり、人々に共有され、伝承されている有形無形の民族的財産である。その文化が、さまざまな外的環境の影響を受けて変化していくことを「文化の変容」とよんでいる。文化の変容に大きな影響を及ぼすのは情報であり、かつてその担い手は新聞・書籍などによる活字メディアという知の力であった。

活字を媒介とした知のメディアは、文化の交流や互いの文化を理解する上で、大きな力となる。そのため他国の文化の影響を受け、自国の文化が変容していく、いわゆる文化の受容のもっとも大きな要因もやはり活字メディアの方なのである。情報が活字化され、一旦（いったん）印刷物となるや、そこに盛られた知識の伝達力は他のメディアのどれにも増して強力であり、正確な記録と知識のデータベースとして蓄積されていく。

つまり、過去の知識ベースを土台に、修正されたりさらに新しい知識が加わったりしながら積層構造を持った知のデータベースがつくりあげられ、その国の知力となり、文化をつくりあげる、いわば知的環境のインフラストラクチャ〈社会基盤〉となる。

もちろん、文化の受容や変容は知識ベースに限らず、食や嗜好品（しこうひん）、流行などの面でも行われる。イギリス人のティー・セレモニーやティー・パーティーの習慣は、一七世紀中国から陶磁器と合わせてもたらされた茶の文化によるものである。日本人が喫煙する習慣は、一六世紀ポルトガル人が九州に渡来し、日本中に広まった。そのタバコも、西インド諸島の先住民やネイティブ・アメリカンからヨーロッパ人に伝えられ、世界中に喫煙の文化が広まったものである。

（中略）

だが、手書きメディアの時代から活字メディアの時代に移行して以降、格段に文化の交流は早まった。そのスピードはラジオやテレビジョンの電気メディアの時代となると、等比級数的に早まり、さらに現代のIT時代のデジタル・メディアの時代では、国を超えた情報の即時通信や検索が可能となった。さらに個人の誰もが、国家のような巨大組織とも対等にインタラクティブ〈双方向、相互作用的〉な情報交換をすることが、いつでもできるようになったのである。

つまり情報のグローバル化によって、地球全体が、インターネットというひとつのサイバー・スペース〈電脳空間〉の情報ネットワークで結ばれ、均質化された情報が蔓延（まんえん）することになる。このことは、いままでそれぞれの国や地域の長い歴史の中で醸成されてきた伝統的な独自の文化が個性を失い、均質化された無国籍風の様式になる危険性も、同時に併せもつことになる。

地球上どこの国へ出かけていっても、コーラやハンバーガーがあり、同じようなTシャツとジーンズをはいた風体の若者がケータイを手に町を闊歩（かっぽ）する様は、もう現実のものとなっている。なんとも淋（さび）しい光景ではないか。

（出典：三井秀樹『メディアと芸術』、集英社新書、二〇〇二年。出題のため、問題文の一部を改めた。また、〈　〉内の注を付した。）

課題12
論文・資料付
設問応答

資料文を読み「情報化と文化の変容」について論じなさい

（六〇〇字程度　六〇分）

入試　就職

筆者が言うように、「伝統的な独自の文化の個性」が尊重されるべき側面はある。しかし、情報のグローバル化から取り残されることの危険性の高さを考えれば、情報化社会の推進こそが、未来を描く上では重要である。

※立場が明確ではありません

なぜなら、今や世界では、ボーダレスに大量の情報が取引されることで社会や経済が成立しているからだ。世界の情報の覇権を握っているAmazonやAlibabaといった企業が、一国だけでなく、世界の経済成長を牽引し、人々の生活の豊かさを向上させているという紛れのない事実がある。

例《たと》えば、日本では、かつて上位を独占した企業価値世界ラン

全体

表現も安定しており、構成も設問の要求にきちんと応えようとしているのが分かります。

ただ、内容に関しては、資料文の主張に関係しているのが、最初の一文だけになっており、そこから先が、資料文の内容と関連付いていないのが気になります。

一読した印象だと、「文化の変容」問題など無視して、どんどん画一化・均質化するべきだ、と主張しているように見えるのです。

ですので、第一段落をそのままにするのであれば、第二・三段落をもう少し簡潔に表現し、第四段落をもう少し資料文の主張と関連付けて論じてみましょう。

キングトップ一〇に、トヨタ自動車でさえ残っていない。日本の「失われた二〇年」は、「伝統的な独自の文化の個性」を重視し過ぎた結果であり、情報のグローバル化から取り残され、ガラパゴス化した日本を象徴する言葉である。事実として、経済成長は低調で、社会の豊かさが向上したと実感できる日本人は少ないはずだ。

では、我々は情報化社会とどのように向かい合うべきか。先ずは、ICTを手段として、数学やサイエンスを中心とした教育体系を構築することで、AIやデータ時代に活躍出来る人材の育成に投資すべきである。また、そういった人材が世界で活躍出来るように、既存の出口産業の再教育も必須だ。情報化社会に取り残されないように、未来への道筋を付けた上で、「文化の変容」の在り方について議論すべきである。

※ここをもっと具体的に論じて下さい。

※この部分、「文化の変容」とは全く関係がない記述になっています。もう少し短く表現しましょう。

すでに、最後の部分で「未来への道筋を付けた上で、『文化の変容』の在り方について議論すべき」と主張しているわけですから、そこを具体的に論じてください。

課題12
論文・資料付
設問応答

書き直し答案

資料文を読み「情報化と文化の変容」について論じなさい

入試｜就職

筆者が言う、「伝統的な独自の文化の個性」が尊重されるべき側面はある。しかし、情報のグローバル化から取り残されることのリスクを考えれば、まずは情報化社会を推し進め、その上で文化との共存について考えるべきだ。

もう少し長く引用しましょう

※立場がはっきりしました。

なぜなら、今や世界では、ボーダレスに大量の情報が取引されることで社会や経済が成立しており、グローバル情報の覇権を握っているGAFAを代表するIT企業群が、世界を牽引しているからだ。現に情報化社会が人々の生活に効率性をもたらし、豊かさを向上させているという紛れもない事実がある。

たとえば日本では、企業のデジタル化の遅れが、経済成長を

POINT 論文タイプの小論文で資料文付きの設問応答型の問題になります。まず設問の要求通り、筆者の意見に対して、自分の立場を明らかにして、その根拠となる具体例を挙げましょう。その上で、これから我々がどのように情報化社会と向き合っていくべきかを具体的に説明しましょう。

※少し浮いている印象です

鈍化させている。また、教育現場におけるICT活用が進まなかったことで、教育の質を向上させる機会を多く失って来た。我々は情報化の流れから取り残されてきたといってよい。

　では、今後我々は情報化社会とどのように向かい合うべきか。まずは、世界に乗り遅れないように、優秀なIT人材の輩出を含めたインフラの整備を進めていくべきだ。その上で、同質化していく世界において個性を持った存在になることを目指すべきだ。~~そのため~~具体的には、世界から称賛されている禅文化、アニメ文化、京都の文化等、日本の伝統的な独自文化を尊重し、伝承していく~~ことが~~必要~~で~~がある。そしてそれらを情報化社会のネットワークに乗せて世界に発信していくことで、文化の魅力を最大限に高め、共存していくことを目指すべきだ。

こうすれば もっとよくなる

最後の段落の「日本の伝統的な独自文化尊重し、伝承していくことが必要」の部分が少々「浮いている」印象です。具体的な伝統文化を詳しく挙げるより、それを行うことの意味を書いた方がより答案の流れにフィットするでしょう。

課題13
論文・資料付
設問応答

資料文を読み「環境モニタリング」について論じなさい

（六〇〇字以内　七〇分）

入試　就職

資料文

地球の環境は、水の存在と生命の誕生などの条件で、数十億年にわたって徐々にその姿を変えてきました。現在の地球には、陸と海が存在し、これを窒素と酸素を主体とする大気が覆っています。そして短波長の紫外線を含まない太陽光が降り注ぎ、平均気温15℃で、ほぼ中性の水が豊富にある、多くの生命体に適した環境ができました。しかし、この環境は急激に増加する人類の活動によって、地球的な規模で変わりつつあります。

近年、大気中の二酸化炭素が増加し、温室効果を増大させていると指摘されています。この裏づけになるデータはどのようにして得られたのでしょうか。日本では東北地方太平洋岸のある町の観測地で、一九八七年から一時間ごとの大気中の二酸化炭素が測定されています。このような継続的な測定をモニタリングといいます。図（省略）に、大気中の二酸化炭素の測定例を示します。左Aは一九九〇年八月、右Bは一九九〇年一二月の結果です。それぞれのグラフにはいくつも折れ線が描かれていますが、その一本一本が一日の二酸化炭素濃度の変化を表します。このように私たちが直接観察できる地球環境の多くは、時々刻々変動しています。このため個々のデータからは、この観測地の二酸化炭素濃度が、増える傾向にあるのか、減る傾向にあるのかは全く判断できません。モニタリングを継続し、たとえば一カ月あるいは一年単位でデータを集積、解析することで、季節による二酸化炭素濃度の変化や年ごとの増減が初めて明らかにできます。実際、この観測地では、前年の同時期に比べて〇・二から三・七ppmv（百万分の一容積比）ずつ二酸化炭素が増加していることが報告されています。しかし、この観測地のデータだけでは地球規模で二酸化炭素の増加が起こっていることを証明することはできません。

これまで気象現象、化学物質、生物種やその個体数などに対する多くのモニタリングが実施され、その結果から環境の変化を客観的に評価できるようになりました。今後とも、複雑化する環境変化に対応するため、モニタリングの対象が増やされるとともに、地球規模の観測網の構築が進められています。

問1　省略（図表を読みとり、答えさせる問題）

問2　省略（図表を読みとり、答えさせる問題）

問3　現在、様々な地球環境の変化が問題となっています。あなたはその中で特にどのようなことに関心を持っているか記述しなさい。あなたがその環境変化を調べるためのモニタリングを実施するチームのリーダーになるとしたら、どのような目的でモニタリングをしますか。調査対象、調査地など実施方法を添えて、あわせて六〇〇字以内で記述しなさい。

（赤字部分は著者）

課題13
論文・資料付
設問応答

解答例

資料文を読み「環境モニタリング」について論じなさい

入試　就職

環境の変化に関する問題で、私が一番興味を持っているのは酸性雨の問題である。

なぜなら、酸性雨は二酸化炭素を吸収する森林を減らしてしまう。また、酸性雨の問題は、一国だけでの対応では問題の解決に結びつかない。全世界が共同で取り組み《む》べき、重要な問題である。だから、酸性雨について調べてみたいのだ。

酸性雨の実態を調査するためには、現在のアメダスの装置に雨水の成分を分析する機能を取り付け、雨が降るごとにその中に含まれる物質とpH値を調べるべきである。

そしてこのモニタリングの目的は、全国的、かつ長期間にわた

POINT

第2章74ページで解説した「プロット作成」に従って書いた答案例です。設問→プロット→答案と、どのように組み立てられているかがわかります。また、赤でマーキングされた部分がトピックセンテンスです。トピックセンテンスの重要性がおわかりになるでしょう。

こうすれば　もっとよくなる

る酸性雨の実態を調べ、酸性雨の予報や防止対策に必要な情報を得ることにある。

具体的には、国内で降雨量の観測に用いられている現在のアメダスの装置に雨水の成分を分析する機能を取り付け、雨が降るごとにその中に含まれる物質とｐＨ値を調べる。それを共時的・通時的に調査し、そのデータを蓄積した上で酸性雨の発生状況を調べたり、対策を立てたりするのである。また、同種の装置を世界中に設置し、酸性雨の発生状況を世界規模で把握するとさらによいだろう。

当然、雨水の調査だけでは不十分である。風の向きや強さ、酸性雨のもととなる窒素酸化物の発生源を調べることも必要になるだろう。もし私がこのモニタリングのリーダーならば、他チームと協力しながら、酸性雨問題の解決に取り組んでいきたい。

※赤いマーキングされた部分がトピックセンテンスです（76ページを参照してください）。

モニタリングの形成に気を配るのも重要ですが、何をモニタリングするのかも重要です。あまりにありきたりなテーマですと、すでに行われていて周知の事実になっていることもあります。その点では、この答案もややありきたりな感は否めません。ただ、あまりに突飛なことを書いてモニタリングをどうすればいいのか、その方法がわからなくなってしまうことのないようにしましょう。

この場合モニタリングの方法がわからなければ、答案の書きようがありません。現実感を持ちながらも、誰も気づかなかったこと、というのがベストでしょうが、とりあえずは、その方法が書けるかどうかを判断の基準とすればよいでしょう。そのうえで、なるべく面白いテーマを探しましょう。

課題14
論文・図表付
設問応答

図表をふまえて「国際協力の変化と日本の役割」について論じなさい

入試 就職

資料文

問：Ⅰのグラフは二〇〇〇年から二〇一四年までの我が国における二国間の政府開発援助（ODA）予算に占める援助形態別割合の推移を示したものです。Ⅱの表は資金協力と技術協力の特徴についてまとめたものです。

Ⅰと Ⅱの資料を活用し、近年の我が国における国際協力の変化について資金協力と技術協力の違いを踏まえて簡単に述べなさい。

その上でⅠからⅣの資料を踏まえ、今後の日本の開発援助はどうあるべきか。資金協力と技術協力の違いを踏まえ、あなたの意見を述べてください。

Ⅰ　政府開発援助予算に占める援助形態別割合の推移

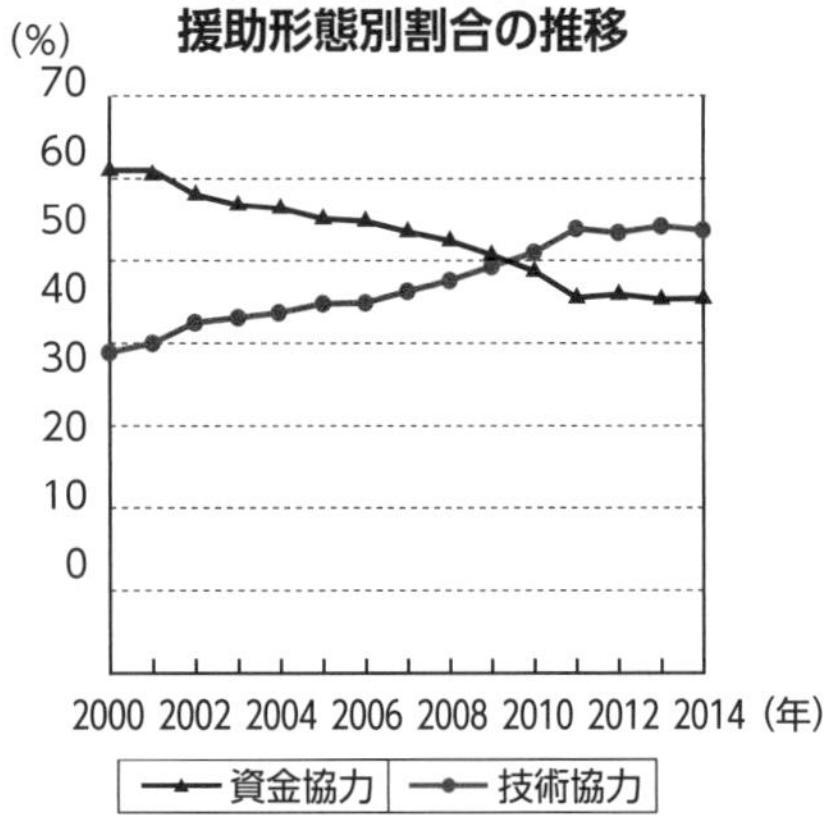

（外務省の資料より作成）

Ⅱ 資金協力と技術協力の特徴

資金協力	技術協力
○返済義務の有無により、有償と無償の違いがあるが、被援助国に対して資金を直接提供する。 ○被援助国のインフラ整備のための長期にわたる資金や開発に必要な機材などを購入する資金を提供する。	○技術者や青年海外協力隊員の派遣、必要な機材の提供等により、人材育成や技術普及などを支援する。 ○開発に必要な経験や知識、ノウハウを提供することで、被援助国の自律的な発展を支援する。

（外務省の資料より作成）

Ⅲ 日本の経済技術協力が自国の発展に役立った程度は？

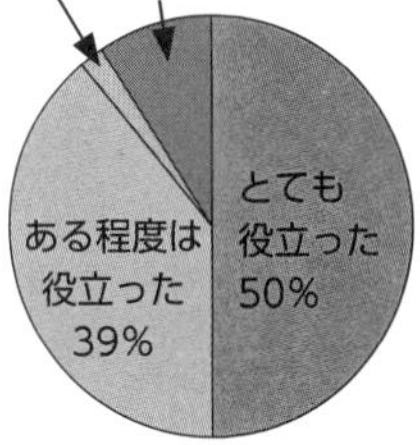

外務省「ASEAN 7カ国における対日世論調査」（平成26年4月18日発表、n=2,144）

Ⅳ 最も信頼できる国は？

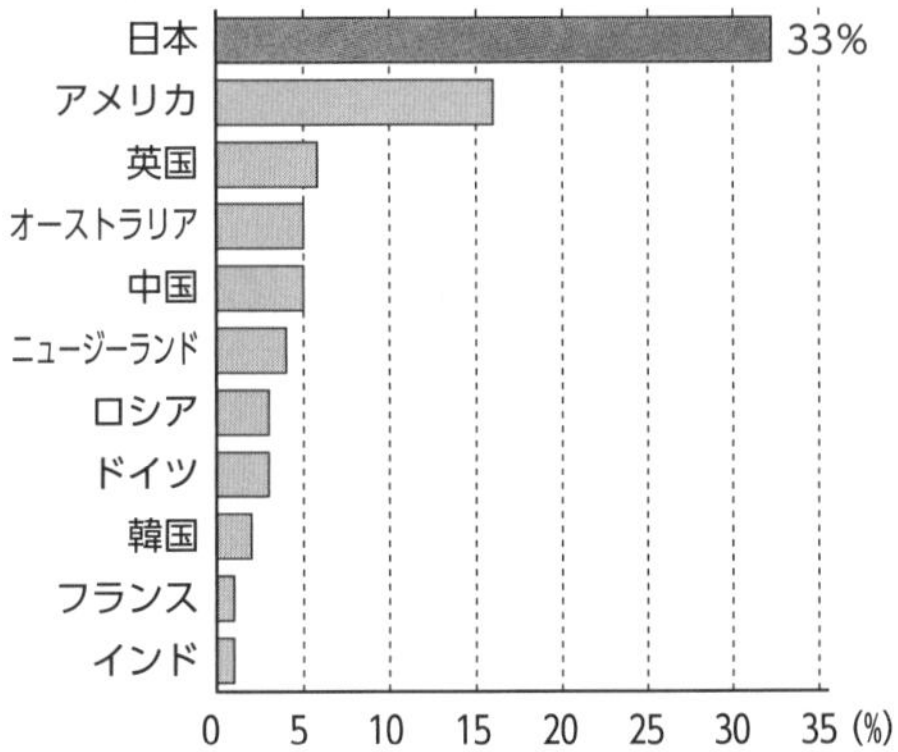

外務省「ASEAN 7カ国における対日世論調査」（平成26年4月18日発表、 n=2,144）

図表をふまえて「国際協力の変化と日本の役割」について論じなさい

入試　就職

資料Ⅰから分かるように、日本の国際協力は、近年まで資金協力の方が技術協力より多かったが、近年は技術協力が増加し資金協力を上回った。

そして資料Ⅱから分かるように、資金協力は、資金を直接的に提供して被援助国の経済的な面を支えているのに対して、技術協力は機材の提供や技術向上のために人を派遣して人材育成をすることで、間接的に支援を行っている。つまり資金協力と技術協力の大きな違いは、自立のために直接的な支援を行って短期的な成果を目指すか、間接的に支援を行って長期的な成果を目指すかである。そして今後日本は、資金協力よりも技術協力を進めるべきだ。資料Ⅲからわかるように、日本の経済支援を役立ったと感じ

※これはこれで良いのですが安易に二者択一に走るのではなく両者を活かす道を考えましょう

POINT
論文タイプの小論文で図表付きの設問応答型の問題になります。まず設問の要求通り、資料Ⅰと Ⅱから読み取れる日本の支援の傾向を説明し、その上で、資料ⅢとⅣから分かることを加味して、今後の日本の開発援助はどうあるべきかを論じましょう。

ている人の割合は九〇％近くある。また、資料Ⅳからは、ＡＳＥＡＮ七カ国の三三％が、日本を最も信頼できる国だとしている。この数字をより伸ばすためにも、技術協力で被援助国と長期的な関係を築くとよい。

資金協力で資金を提供しても、その資金がその国の発展に一番良い形で使われるとは限らない。また、資金で機材を買ってもその機器を使いこなすのに~~良い~~高い技術を持った人材が必要だ。だからこそ、技術協力を中心に支援を進め、それを適宜加速するために、資金協力を進めるべきである。

たとえば、技術協力の計画の進捗状況に合わせて資金協力を行うようにする。使う人が育ってから、機材やインフラ等を資金協力で整備して被支援国の自立を促すのである。

これからより日本が~~より~~信頼され、国際的に役立~~せるようにな~~つため~~る~~には、他の国の発展を長期的に支援することが重要である。

こうすれば もっとよくなる

「資金協力」VS「技術協力」のような問題提起をされると、どうしても二者択一でどちらかを支持したくなります。しかし、現実の世界はそれほど単純ではありません。できれば両者の「いいとこどり」ができるような方向で解決策が考えられるとよいでしょう。たとえば資金協力には即効性がありますので、それを生かして、支援の初期段階は資金協力、その後、徐々に技術協力に移行といった方法を意識的に提案してもよいでしょう。

新版：あとがき

2002年の旧版のタイトルが正式決定する前、私は勝手に仮タイトルを付けていました。その仮タイトルとは、

『〝正しい〟小論文の書き方』

というものでした。

なぜ『〝正しい〟小論文の書き方』にしたかったのかというと、さまざまにいわれる小論文の書き方にたいして、私なりの一定の方法論と規範を提示したいと思ったからです。つまり、私は本当に使える「小論文の答案作成マニュアル」を作ろうと思ったわけです。

旧版でも新版でも、その思いは一緒です。

この本で私は、「あなたが書けるようになる」ための具体的な方法を、できるかぎり示したつもりです。

旧版の頃は、まだ「型書き」の方が効力を持っていました。しかし時間がたつにつれ、「型書き」をメインに据えるより、設問の要求にしっかり応えるやり方の方が、より効果を発揮するようになったのです。

そこで、今回の新版では、「4ステップ答案作成法」という形で、とにかく設問の要求に応える

ことを重視した方法論を提示しました。

また、志望理由書の書き方など、旧版にはなかった項目も書き足しています。第3章も時代に合わせてアップデートしました。

これらはすべて、旧版を出版してから今まで「どう書いたらいいの？」という受験生の疑問に対して答え続けてきた、私なりの解答です。

旧版のあとがきで私は、「いつかこの本のバージョンアップ版を出版できたら、と思っています」と書きました。

その願いが叶った今、今まで旧版を応援していただいた読者の方には感謝しかありません。

そして、おそらく新しい読者であろうあなたが、もしこの新版を読んで、少しでも小論文が書けるようになったなら、こんなにうれしいことはありません。

それではそろそろお別れです。最後まで読んでいただき、ありがとうございました。

今度はぜひ論文オンラインのサイトの方でお会いしましょう。この本を閉じたら、ぜひ以下のサイトへアクセスしてみてください。

それではこの本があなたの「夢」の実現に、すこしでも役立つことを祈りつつ。

論文オンライン代表　石井秀明

論文オンラインのWebサイト
www.ronbunonline.com

表記で気をつけること

この付録には、表記の上で気をつけるべきことの代表的な例を挙げておきます。

自分も同じミスをしていないか、よく確認してみましょう。また、ここに挙がっていないものでも、自分がつい間違えてしまうものについては、自分で一覧表を作り、つねに参考にできるようにしておくとよいかもしれません。

（○）	（×）
獲得	穫得
学問	学門
完璧	完壁
機嫌	気嫌
強調	強張
協調性	共調性
講義	講議
徐行	除行
専制	専政
絶体絶命	絶対絶命
専門	専問
探検	探険（こちらも一般化しつつあります）
的中	適中
年齢	年令
批准	批準
紛争	粉争
弊害	幣害
訪問	訪門

つい間違えてしまう漢字

（○）	（×）
諦める	締める
圧巻	圧観
過ち	誤ち
異口同音	異句同音
意思表示	意志表示
大物	大者
改札	改礼

仮名書きの望ましい語

（○）	（△）
あまりに	余りに
あらかじめ	予め
いろいろ	色々
おおむね	概ね
および	及び
ごとに	毎に
たいして	大して
できる	出来る
など	等

正式にはひらがなで書くべき語もあります。

（○）	（×）
子ども	子供
たち	達

（「達」と漢字で書けるのは、正式には「友達」だけです）

補助動詞や形式名詞などは、基本的には仮名書きをするべきです。

●補助動詞……動詞の後ろにつき、意味をつけくわえる語。「読んでみる」の「みる」が例として挙げられる。

（○）	（×）
（切って）ある	在る
（生きて）いく	行く
（落ちて）いる	居る
（止めて）おく	置く
（取って）くる	来る
（やって）みる	見る
（食べて）やる	遣る

●形式名詞……実質的な意味を持たないが、上に修飾語をともなって、名詞と同じ働きをする。「やること」の「こと」が例として挙げられる。

（○）	（×）
（やる）こと	事
（たいした）もの	物
（聞いた）はず	筈

同音・同訓異義語

それぞれの語の意味をぜひ調べてみましょう。

いぎ	異義、異議、威儀
いし	意志、意思、遺志
いじょう	異常、異状、委譲、移譲
いどう	移動、異動、異同
かいほう	解放、開放
かてい	過程、課程
かんしょう	鑑賞、観賞、観照
かんしん	感心、関心、歓心
きせい	既成、既製
きょうい	驚異、脅威、驚威
こゆう	固有、個有
さいご	最後、最期
じき	時期、時機、時季
しょうかい	紹介、照会
せいさく	製作、制作
せいちょう	成長、生長
そっこう	速効、即効、速攻
たいしょう	対象、対称、対照
たいせい	体勢、態勢、体制
ついきゅう	追及、追求、追究
てきせい	適正、適性
どうし	同士、同志
とくちょう	特徴、特長
ないぞう	内蔵、内臓
のぞむ	臨む、望む
はかる	計る、測る、量る、図る
ひっし	必死、必至
ふへん	普遍、不偏、不変
へいこう	平行、並行、平衡
ほしょう	保証、保障、補償
ゆうし	勇姿、雄姿
ようりょう	容量、用量、要領

つい使ってしまう話し言葉

話し言葉は試験官に敬遠されます。
絶対に使わないようにしましょう。

（例）→（修正）

▼とか → や
（例）私とか友達とかがやった。
→ 私や友達がやった。

▼なんて → などと
（例）駄目だなんて言わない。
→ 駄目だなどと言わない。

▼してる → している
（例）きびきびと行動してる。
→ きびきびと行動している。

▼だけど → だが
（例）いけないのだけど……
→ いけないのだが……

▼すごい（すごく）→ たいへん
（例）すごいよい。
→ たいへんよい。

▼……けど → ……。しかし、
（例）知っているけど、しゃべらない。
→ 知っている。しかし、しゃべらない。

▼とっても → とても
（例）とってもきれいな作品だ。
→ とてもきれいな作品だ。

▼だとか → ……などや
（例）ブランド物のバッグだとか
→ ブランド物のバッグなどや

▼……なんか → ……などと
（例）品がないことなんか……
→ 品がないことなどと……

▼……なんて → ……など
（例）知っていることなんて……
→ 知っていることなど……

▼そのぐらい → そのくらい
（例）そのぐらいわけもない。
→ そのくらいわけもない。

▼……だって → ……もまた
（例）彼らだって、仲間に入りたい。
→ 彼らもまた、仲間に入りたい。

▼……してる → ……している
（例）教室で手紙を書いてる。
→ 教室で手紙を書いている。

▼……だし、→ ……であるし、
（例）いちいち書くのは面倒だし、時間もない。
→ いちいち書くのは面倒であるし、時間もない。

●著者紹介
石井 秀明（いしい・ひであき）
小論文通信添削講座「論文オンライン」代表。一般社団法人文章添削士協会代表理事。1997年よりインターネット使った小論文の通信添削講座を展開。現在も毎年1500本以上の受講生の答案を添削。今までに添削をした答案の本数は30000本を超える。著書に、『実戦添削例から学ぶ　必ず受かる小論文・作文の書き方』『絶対決める！　実戦添削例から学ぶ公務員試験　論文・作文』（以上、新星出版社）『伝わる！　評価される！　小論文の技術　理論編／トレーニング＆実践編』（産業能率大学）『小論文の書き方のコツをすべて伝授！　小論文のツボ60　―作文と小論文の違いから日頃の訓練法まで―』（KDP）など。

■お問い合わせについて
●本書の内容に関するお問い合わせは、**書名・発行年月日を必ず明記**のうえ、文書・ＦＡＸ・メールにて下記にご連絡ください。電話によるお問い合わせは、受け付けておりません。
●本書の内容を超える質問にはお答えできませんので、あらかじめご了承ください。

本書の正誤情報などについてはこちらからご確認ください。

(http://www.shin-sei.co.jp/np/seigo.html)

●お問い合わせいただく前に上記アドレスのページにて、すでに掲載されている内容かどうかをご確認ください。

●文　書：〒110-0016 東京都台東区台東2-24-10 (株)新星出版社 読者質問係
●ＦＡＸ：03-3831-0902
●お問い合わせフォーム：http://www.shin-sei.co.jp/np/contact-form3.html

必ず受かる小論文・作文の書き方 新版
2021年 6 月25日　初版発行

著　者　石井秀明
発行者　富永靖弘
印刷所　株式会社新藤慶昌堂

発行所　東京都台東区台東2丁目24　株式会社 新星出版社
〒110-0016　☎03(3831)0743

ISBN978-4-405-00609-6